UNIVERSO EM SUAS MÃOS

Érika Ramos

UNIVERSO EM SUAS MÃOS

QUAL É A SUA DOR?

Física, emocional ou mental, saiba como compreender e transformar esta realidade por meio do Jin Shin Jyutsu®

B307 LIVRARIA & SAÚDE

A prática de Jin Shin Jyutsu® não se propõe de forma alguma a ser uma alternativa para os cuidados médicos regulares.

Todos os casos relatados neste livro são verdadeiros.

Os nomes foram alterados para proteger a identidade dos clientes.

Revisão técnica: Patricia Toledo

Imagem da capa: Carla Venusa

Ilustração das KI TEN: Pedro Alvarez Villas Bôas

Ilustrações das travas nos esqueletinhos: Patricia Toledo

As imagens base dos esqueletinhos foram adquiridas em iStock sob nº 2058306593.

Fotografias: Fabio Castelo

Modelo: Vanessa Barbosa

Fotos: Acervo Érika Ramos

Dados Internacionais de Catalogação na Publicação (CIP)
(Câmara Brasileira do Livro, SP, Brasil)

Ramos, Érika

Universo em suas mãos : qual é a sua dor? : física, emocional ou mental, saiba como compreender e transformar esta realidade por meio do Jin Shin Jyutsu®/ Érika Ramos – 1. ed. – São Paulo : B307 Livraria e Saúde, 2023.

ISBN 978-65-85608-00-8

1. Autoajuda 2. Autoconhecimento (Psicologia) 3. Corpo e mente (Terapia) 4. Equilíbrio 5. Emoções – Aspectos psicológicos 6. Medicina integrativa 7. Qualidade de vida I. Título.

23-151893 CDD-158.1

Índices para catálogo sistemático:

1. Autoconhecimento : Psicologia aplicada 158.1

Aline Graziele Benitez – Bibliotecária – CRB-1/3129

B307 LIVRARIA & SAÚDE

Rua Santa Isabel, 307
Vila Buarque, São Paulo, SP
CEP 01221-010
Tel.: (11) 3222-3634
b307livraria@gmail.com
www.b307.com.br

Dedico este livro à minha filha, Beatriz,
a expressão mais pura da luz, da alegria
e do amor em minha vida.

SUMÁRIO

AGRADECIMENTOS

Aos melhores pais que uma pessoa poderia sonhar ter, Uelmer e Eulalia Ramos.

À Carla Ramos e ao Gabrio Bevilaqua, pelo apoio incondicional.

À Patricia Toledo, pela parceria constante e as múltiplas ideias que estão incorporadas a este livro.

Ao mestre que dedicou sua vida para nos deixar este legado, Jiro Murai.

Aos mestres que deram continuidade ao trabalho de Jiro — Mary Burmeister e Haruki Kato.

A Mario Ferraz, que me introduziu na arte.

À Maria Rita Guedes pelo apoio irrestrito e por ter me dado a confiança para lançar voos em solo estrangeiro, o que foi fundamental na minha formação.

A Francisco José de Oliveira Ramos, por ter me levado até Cristina Minamisawa, minha primeira mentora.

Minha gratidão aos instrutores:

Carlos Gutterres

Cristina Minamisawa

Iole Lebensztajn

Margareth Umeoka Serra

Adele Leas, Anita Willoughby, Chus Arias, Cynthia Broshi, Ian Harris, Jed Schwartz, Jill Marie Pasquinelli, Kato Sadaki, Lynne Pfluger, Matthias Roth, Michael Wenninger, Mona Harris, Muriel Carlton, Petra Elmendorff, Philomena Dooley, Sara Harper, Susan Schwartz, Waltraud Riegger-Krause, Wayne Hackett.

Aos organizadores do Jin Shin Jyutsu® no Brasil, em especial à Wanda Czarlinski.

À Vivian Farrah Nassif e Plinio Cutait, que abriram as portas do Hospital Sírio Libanes para o Jin Shin Jyutsu.

Finalmente, meu profundo agradecimento ao meu grupo de estudos, meus alunos e meus pacientes, nada disso faria sentido sem vocês.

PREFÁCIO

Este é um livro muito bem-vindo: em meio a tantos desafios e atribulações a que estamos submetidos diariamente, quem não gosta da ideia de que é possível harmonizar corpo e mente apenas segurando os dedos das mãos, reequilibrar o organismo e sanar desconfortos físicos e emocionais, tocando suavemente alguns pontos do corpo durante alguns minutos?

De acordo com os princípios da filosofia oriental, existe uma energia universal que origina e mantém a vida. Esta energia circula pelo nosso corpo através de milhares de fluxos energéticos. O estilo de vida moderno traz, frequentemente, desequilíbrios na correta circulação desta energia. Estes desequilíbrios se traduzem em desconfortos físicos e mentais que podem, com o tempo, manifestar enfermidades e distúrbios mais graves.

O Jin Shin Jyutsu® é uma arte de harmonização do Ser, que atua nos níveis físico, mental e espiritual, trazendo profundo conforto e bem-estar através da liberação de bloqueios nestes "caminhos de energia" que circulam pelo corpo, equilibrando e sanando o sistema energético, restaurando assim nossa saúde e vitalidade. Apesar de ser uma arte bastante complexa, oferece ferramentas extremamente simples, acessíveis e eficazes de autoajuda: qualquer pessoa pode, com facilidade, autoaplicar-se Jin Shin Jyutsu.

Recomendo que a primeira leitura deste livro seja feita na ordem apresentada, do começo ao fim; depois você pode localizar os temas de maior interesse e se aprofundar neles. De qualquer forma, é um bom livro de consulta, que pode ajudar a resolver inúmeros problemas e situações de seu dia a dia. Estude-o com carinho, é um guia para alcançar uma vida plena e saudável.

Um pequeno conselho ao estudante iniciante: não se preocupe em compreender todos os conceitos de imediato, apenas coloque suas mãos nos lugares indicados e esteja atento às transformações que começam a acontecer em seu corpo e em sua mente. Sinta os benefícios que a prática constante proporciona e, aos poucos, quase sem querer, a compreensão chega. Estudar o Jin Shin Jyutsu é uma surpreendente viagem de autoconhecimento. Então, mãos à obra?

Patricia Toledo

CAPÍTULO 1

MEU ENCONTRO

"Leia este livro, ele vai mudar sua vida"

O amigo que me deu o livro "O Toque da Cura"[1] não sabia quão proféticas seriam suas palavras.

Eram os idos de 2000, um domingo de sol, desfrutado sem qualquer preocupação que não fosse aproveitar ao máximo a beleza do dia. Eu não poderia imaginar que, naquele momento, com aquele gesto, Mario havia mudado minha vida.

Chegando em casa, o livro foi parar debaixo da pilha na mesa de cabeceira, e lá ficou por alguns meses, até sua capa chegar ao topo.

Comecei a ler e fui tomada de um certo espanto, uma certa incredulidade.

Não que eu fosse uma criatura cética, longe disso, era formada em fonoaudiologia pela PUC-SP (Pontifícia Universidade Católica), uma faculdade que, nos anos 1980, prezava por uma visão mais integrativa do ser humano, embora, naquela época, este conceito ainda não estivesse na moda.

Assim, depois de me formar, fui trilhando uma carreira científica formal, mas ao mesmo tempo fazendo cursos com abordagens corporais alternativas, holísticas, integrativas.

Terapias mente/corpo.

Terapias corpo/mente.

Abordagens sutis e meditativas, abordagens catárticas.

Eutonia, método Feldenkrais, calatonia, antiginástica, cadeias musculares GDS, bioenergética, dança circular, entre outros, estando em voga nos anos 1980 e 1990, eu os estudei.

---

[1] BURMEISTER, Alice; MONTE, Tom. *O toque da cura*. São Paulo: Editora Ground, 2011.

Mas aquele livro parecia um pouco demais...

Como assim? Segurar um dedo e deixar de ficar preocupada?

Segurar outro dedo e sentir a raiva se dissolver?

Difícil acreditar.

Mas a curiosidade ganhou, e o fato de ter ganho o livro de uma pessoa em cujo discernimento eu confiava, também.

Comecei a fazer as práticas e não sentia assim tanta diferença, não sentia diferença nenhuma para falar a verdade, talvez porque eu ficava 5 minutos e já perdia a paciência...

Já estava para desistir do livro quando uma amiga me telefonou de madrugada, com as costas travadas, algo que se repetia com certa frequência.

O marido, médico, já havia dado os remédios e a injeção de costume, mas nada fazia a dor passar.

Fui ao seu socorro, eu e minhas santas bolinhas de espuma, de uma daquelas técnicas que eu havia estudado, que, quando colocadas nos pontos certos, traziam relaxamento e alívio das dores.

Não era a primeira vez que fazíamos isso mas, naquele dia, a dor e a imobilidade eram tão grandes que deitada no chão, gemente, minha amiga não conseguia fazer os movimentos necessários para que eu colocasse as bolinhas sob suas costas.

Sem mais ter o que fazer, coloquei uma das minhas mãos no seu ombro e a outra na virilha do mesmo lado, uma das coisas difíceis de acreditar, escritas no livro, era que o simples fato de colocar as mãos nestas posições poderia aliviar as dores nas costas.

Cheguei em casa ao amanhecer, ainda estarrecida pelo resultado.

Em uma hora de aplicação, 30 minutos de cada lado, ela foi capaz de levantar-se e locomover-se normalmente.

Devorei o que restava por ler do livro.

Dias depois, Francisco José, meu primo-irmão, foi atropelado enquanto andava de bicicleta.

O estrago foi grande, algumas vértebras de uma coluna já bem traumatizada ficaram trincadas.

Lá fui eu visitá-lo, só que, desta vez, as bolinhas ficaram em casa, e o livro foi comigo.

Repeti os cuidados que havia tido com minha amiga, o primo caiu no sono, e fui embora.

No dia seguinte, minha tia me ligou dizendo:

— Érika, filhinha, o Francisco está dizendo que não sabe o que foi que você fez ontem, mas para você voltar e fazer de novo, porque é a primeira vez, em anos, que ele acorda sem dor nas costas.

Eu também não sabia o que tinha feito, só segui as orientações do livro sem entender o que estava por trás daquilo, mas a chama da curiosidade que se acendeu em mim naqueles dias não cessou, e tem sido o motor da minha vida.

Em 2001, através deste primo que, encantado com os resultados, se lançou na busca por conhecer mais, inscrevi-me em um curso de autoaplicação.

A partir de então, passei a ter um instrumento de apoio para efetivar as mudanças necessárias para a melhoria do meu estilo de vida, da minha saúde e, por que não, da consciência a meu próprio respeito e a respeito da vida em geral.

Iniciando o estudo

Cristina Minamisawa foi minha primeira professora e, com ela, estudei continuamente até sua volta para a Luz em 2007.

Sua devoção pela arte, sua generosidade ao ensinar, seu comprometimento com os alunos foram meu modelo e minha inspiração.

Encantada com o que aprendia na autoaplicação, esperei pacientemente pelo próximo curso de formação de terapeutas que haveria no Brasil.

Largo do Arouche, São Paulo, março de 2002.

Nunca vou esquecer aquela sala.

No alto de um edifício, antes de qualquer apresentação, qualquer explicação teórica, aquele homem de aparência serena e gestos suaves iniciou a aula conduzindo uma prática de autoaplicação.

Eu estava agitada e ansiosa, observando aquelas 80 pessoas de olhos fechados, muito compenetradas na prática, até que meus olhos aos poucos também se fecharam naturalmente, e a voz de Jed Schwartz me pareceu vir de um lugar longínquo e profundo.

Aqueles 30 minutos em que ouvi sobre minha natureza Divina, minha ligação com a Fonte de Poder infinito e minha capacidade de me manter em harmonia, equilíbrio e alegria, apenas tocando poderosos centros de energia e sabedoria em meu corpo, deram o tom, foram o fundamento de tudo que faço até hoje.

Nunca terei como expressar minha gratidão ao Jed, que desde o primeiro minuto me fez compreender o que era realmente importante saber: somos Luz, viemos Dela, retornaremos a Ela e a saúde desta experiência manifesta, depende não necessariamente de saber ou entender como Jin Shin Jyutsu® funciona, mas de PRATICAR as posturas.

Ao final de 5 dias de curso, muito material, muita coisa a entender, muitos mistérios, muitas perguntas sem resposta, parecia que eu tinha sido atropelada.

Todos meus ossos e músculos doíam, sem falar na minha cabeça, que parecia o centro de um ciclone, vazia e tempestuosa.

Ao mesmo tempo, uma certeza profunda, tranquilizadora e comovente, de que minha busca tinha acabado, de que eu finalmente tinha encontrado o que vinha buscando há tantos anos.

Mergulhei de cabeça.

Nos anos seguintes fiz todos os cursos possíveis, e inseri Jin Shin Jyutsu na minha prática como fonoaudióloga.

Eu trabalhava com distúrbios de voz e fiquei encantada quando a união da terapia tradicional com Jin Shin Jyutsu começou a trazer resultados de melhora em menos da metade do tempo normal.

E, então, algo começou a mudar.

Uma paciente que sofria de disfonia (rouquidão) severa melhorou rapidamente, tanto da voz, quanto da enxaqueca crônica da qual sofria há anos, e me perguntou se eu atenderia sua mãe que também sofria de enxaqueca.

Minha primeira cliente sem distúrbios fonoaudiológicos.

Um belo dia, vários cursos e 4 anos passados desde o meu primeiro encontro com Jin Shin Jyutsu, abro minha agenda e percebo, sem surpresa, que aquele dia eu não teria um único paciente com distúrbios de voz, mas uma gama de queixas variadas, e todos a serem atendidos seriam com Jin Shin Jyutsu.

Restava-me, então, estudar, estudar, estudar.

CAPÍTULO 2

JIN SHIN JYUTSU® A ORIGEM

Jiro Murai nasceu na região de Ishikawa, no Japão, em 1886, segundo filho de uma família de médicos. Era especialista em bichos-da-seda mas, por sua natureza curiosa, um pesquisador de assuntos diversos.

Vivia a vida intensamente e participava de competições gastronômicas, nas quais ingeria grandes quantidades de comida, até que, aos 24 anos, adoeceu.

Nos dois anos seguintes, foi tratado com todos os recursos de que dispunha a família, mas a doença se agravou até um ponto sem volta e, a seu pedido, foi levado, carregado, até a casa da família na montanha.

Usou este isolamento para, através dos seus conhecimentos de técnicas taoístas, harmonizar a respiração. Praticou posições com as mãos chamadas Mudras, meditou e jejuou.

Nada diferente aconteceu nos primeiros 3 dias, mas depois disso começou a sentir sua temperatura baixar cada vez mais, até que no 7º dia sentiu uma forte onda de calor inundar seu corpo e perdeu os sentidos.

No 8º dia, quando recuperou a consciência, sentiu uma grande paz, não tinha mais sensação de dor, fraqueza e teve certeza de que estava curado. Neste momento, caiu de joelhos, agradeceu e assumiu o compromisso de estudar e pesquisar aquilo que o salvara.

Foi exatamente isso que fez nos 50 anos seguintes.

Constam em registros, que estão nos Arquivos do Palácio Imperial do Japão, que a arte do Jin Shin Jyutsu é milenar, com pelo menos 3500 anos.

Foram encontrados papiros e figuras de argila muito antigas com desenhos de posturas que são familiares aos praticantes de Jin Shin Jyutsu, mas cujo conhecimento foi se diluindo, sendo incorporado a outras práticas.

A jornada de Jiro Murai foi uma jornada de resgate desta arte e se iniciou quando ele curou a si mesmo.

Mestre Murai percorreu o Japão visitando templos, conversando com monges, com idosos e estudando livros de sabedoria antiga. Fez estudos de anatomia, acupressura chinesa e transformou o próprio corpo em um laboratório, observando a dinâmica dos fluxos de energia em si e nas pessoas que se apresentavam para serem tratadas por ele.

Em sua busca por resgatar esta Arte Ancestral, nunca descobriu o seu nome original, e designou-a, ao longo dos anos, por vários nomes.

"A Arte da Longevidade"

"Arte da Felicidade"

"Arte da Benevolência"

Finalmente adotando o nome como usamos hoje, Jin Shin Jyutsu — "a arte do Criador através do Ser Humano de compaixão e conhecimento."

Existem muitas formas diferentes de romanização dos caracteres que compõem o nome desta arte. Os próprios caracteres em si carregam diversas interpretações possíveis. A forma mais comum de traduzirmos Jin Shin Jyutsu dentro da tradição de estudos de Jiro Murai é:

Jin – Ser Humano de conhecimento e compaixão, boa vontade, iluminação e consciência.
Shin – Fonte de Energia Criadora.
Jyutsu – Arte.

Vale ressaltar o aspecto "Arte".

A arte praticada pelo ser humano em nome da Energia Criadora não é uma técnica, é um momento de comunhão entre o homem e a Força que deu origem a ele e o mantém, é criativa, cheia de alegria e de poder.

O legado

Jin Shin Jyutsu chegou ao ocidente pelas mãos de Mary Burmeister. Mary nasceu em 1918, em Seattle. Em 1938, foi para o Japão estudar suas raízes e sair do ambiente de discriminação e preconceitos que sofria nos Estados Unidos naquela época.

Em 1945, terminada a Segunda Grande Guerra, Mary foi até a casa de uma aluna para dar aula de inglês e lá chegando foi convidada a assistir uma palestra que seria dada por Jiro Murai.

Mestre Murai, nesta época, fazia palestras sobre os resultados de seus estudos e suas correlações com o *Kojiki*, o "Registro das Coisas Ancestrais" — livro da mitologia japonesa que descreve a genealogia dos deuses e dos humanos.

Mary sentou-se no fundo da sala e no decorrer da palestra ela, que se sentia permanentemente tensa e deslocada nos ambientes, sentiu finalmente seus ombros soltos.

Ao terminar a palestra, Jiro Murai se dirigiu à Mary e a convidou a estudar e, posteriormente, levar a arte como um presente do Japão aos Estados Unidos.

Convite que ela, para nossa sorte, mesmo sem saber do que se tratava exatamente, aceitou.

Durante toda sua vida tinha sido uma aluna dedicadíssima aos estudos, e assim foi também sua história com o Mestre Murai.

Foi uma discípula devotada e experimentou os poderes da arte no próprio corpo, pois adoeceu gravemente durante um determinado período e foi curada pelo Jin Shin Jyutsu por intermédio do Mestre Jiro, que lhe aplicou sessões regularmente.

Em 1953, Mary se casou com Gilbert Burmeister e voltou aos Estados Unidos, finalmente podendo cumprir a promessa de que levaria um presente do oriente ao ocidente.

Continuou estudando com Mestre Jiro por correspondência até 1960, quando ele faleceu.

Após um período de luto pelo Mestre e por seu pai, também discípulo de Jiro e que falecera no mesmo ano, Mary intensificou seu trabalho e escreveu seu primeiro manual em 1966.

Outros livros e textos para os cursos de autoaplicação e de formação de terapeutas foram escritos ao longo dos anos seguintes e Mary passou a ensinar por todos os Estados Unidos e no exterior.

Todas as pessoas que tiveram a sorte de ter aulas com ela são unânimes em sua admiração pela forma profundamente filosófica e respeitosa com a qual ela tratava a arte.

No começo dos anos 1980, Mary começou a treinar os instrutores Philomena Dooley, Muriel Carlton e Wayne Hackett.

A partir deste momento, o crescimento do Jin Shin Jyutsu foi exponencial. Vários instrutores foram preparados para dar seguimento ao legado de Jiro e Mary e, hoje, Jin Shin Jyutsu se encontra difundido por todo o mundo.

Quando Mary voltou aos Estados Unidos, sua vaga no grupo de estudos de mestre Murai foi ocupada por um jovem chamado Haruki Kato, que esteve ao lado do mestre até seu falecimento.

Kato-sensei deu sequência ao legado de Jiro no Japão.

CAPÍTULO 3

COSMOGONIA

São muitas as teorias, segundo diversas óticas e tradições, mas na verdade não sabemos como se originou o universo. Acredita-se que a partir de um espaço vazio e, por isso, capaz de conter todas as possibilidades, surgiu um núcleo de energia incrivelmente concentrada.

Como nos ensina Mary Burmeister, movimento é uma das Leis do Universo. Assim, esta imensa Energia contida em um único ponto entrou em um movimento de expansão, gerando uma quantidade imensurável de partículas de luz.

Apesar de aparentemente haver uma diferenciação em relação à Energia original, cada uma dessas partículas continha todos os atributos da Força Geradora. Em determinado momento, dado seu constante movimento, algumas dessas partículas começaram a se individualizar e a se manifestar de forma diferenciada e única.

É a partir deste processo de individualização da expressão da Energia Universal única que surge o que chamamos de Matriz, a verdadeira planta arquitetônica energética do que virá a se tornar um Ser individualizado e único, ou seja, cada um de nós é uma expressão individualizada da Força que deu origem ao Universo. Por isso, a separação é uma ilusão. Tudo o que existe contém a mesma força vital original, expressando-se de forma diferenciada.

Princípios da arte

A Fonte inicial, a energia precursora de todas as coisas, continua a se expandir, flui ininterrupta e abundantemente e é responsável pela manutenção da vida.

Esta energia vital universal se movimenta no corpo através do movimento respiratório e é distribuída por todo o organismo através de canais condutores de energia, ou circuitos de energia.

Na expiração, espirala para baixo, densificando-se, formando a matéria. Na inspiração, espirala para cima, sutilizando-se, voltando ao Espírito.

Nós somos Energia que se movimenta continuamente, do espírito para a matéria e da matéria para o espírito a cada respiração. Somos expressões únicas e individualizadas da Fonte de Energia Criadora, e nossa "matriz única" guarda em si o desejo de se manifestar.

A partir deste desejo, todo um movimento energético é colocado em ação para que a manifestação seja possível.

A Trindade

O movimento da energia em direção à manifestação se inicia com a Energia Harmonizante Universal Vertical Central Principal. Será esta a energia que, uma vez manifestada no ser humano, o manterá nutrido e alinhado com o Centro de Poder que deu origem a ele.

A Energia Harmonizante Universal Vertical Central Principal faz um movimento circular que desce e sobe espiralando e, depois de ter circulado algumas vezes, começa a se condensar, se diferencia e se divide criando a Energia Harmonizante Universal do Supervisor Vertical Principal Esquerdo e Direito.

A Energia Harmonizante Universal do Supervisor Vertical Principal Esquerdo e Direito será a responsável por monitorar todas as funções do seu respectivo lado, gerando a harmonização total do corpo.

À medida que os Supervisores circulam, vão formando camadas com diferentes qualidades vibracionais da energia. Cada uma delas tem aspectos físicos, mentais, emocionais e espirituais.

Em cada uma destas camadas, surgem poderosos centros energéticos reguladores da distribuição da energia no organismo.

Em japonês, o nome destas áreas é "KI TEN", e, embora em português usemos mais comumente o termo "Travas de Segurança da Energia", optei por manter neste livro o nome original em japonês.

Na primeira volta, os Supervisores dão origem à 1ª profundidade e às KI TEN 1 a 4. Na segunda volta, dão origem à 2ª profundidade e às KI TEN 5 a 15. Na terceira volta, dão origem à 3ª profundidade e às KI TEN 16 a 22. Na quarta volta, dão origem à 4ª profundidade e à KI TEN 23. E, na quinta volta, dão origem à 5ª profundidade e às KI TEN 24 a 26.

Este é o arcabouço energético do nosso Ser.

Natureza — Realidade sem esforço

O estado natural do Ser Humano é a harmonia, que acontece quando esta energia que anima a vida flui livre e em abundância, sustentando a saúde e a felicidade.

Nosso estilo de vida, hábitos, pensamentos e emoções, além de condições ambientais, condicionamentos sociais, acidentes e predisposições genéticas, entre outros fatores, podem alterar os padrões de circulação desta energia afetando o funcionamento adequado do organismo. Quando a energia fica estagnada, experimentamos tensão, fadiga, *stress* físico, mental e emocional, dor e vários tipos de desconfortos.

A prática da autoaplicação consiste em fazer toques com as mãos nestes 26 centros reguladores da energia (52, considerando que são bilaterais). Esses toques ajudam a restaurar e a equilibrar os fluxos de energia no corpo, harmonizando seus padrões de circulação, restabelecendo o fluxo contínuo da vida em nós e estimulando a capacidade inata de regeneração do organismo.

A prática *constante, disciplinada e comprometida* nos ajuda a perceber, compreender e transformar nossa realidade física, mental e emocional, promovendo ótimo estado de saúde e bem-estar.

Um estado momentâneo de desconforto físico ou emocional pode ser harmonizado com ações simples, mas muito poderosas, como segurar um dedo, por exemplo. A sensação de alívio destes estados pode ser imediata e duradoura.

Mudanças maiores e mais estruturais, no entanto, podem requerer períodos de prática mais longos, como também dedicação e comprometimento consigo mesmo.

Um dos grandes trunfos do Jin Shin Jyutsu é o despertar de uma consciência cada vez mais lúcida a nosso próprio respeito, nossa natureza (aquilo que é natural para nós) e as formas de manter esta natureza saudável e feliz.

Lembram-se de como funciona a brincadeira chamada cabo de guerra? Duas equipes, cada uma de um lado da corda, começam a puxá-la ao mesmo tempo. Vence quem puxar com mais força e arrastar a outra equipe.

Nosso cotidiano é repleto de estressores sobre os quais não temos muito controle. É a equipe do outro lado da corda. Cabe-nos fazermos escolhas que fortaleçam o nosso lado da corda, para que não acabemos sendo puxados para o lado da doença ou da desarmonia.

A energia é impalpável, e a percepção de sua ação pode ser muito tênue em um primeiro momento, assim a relevância de praticarmos Jin Shin Jyutsu é um conceito que, às vezes, é um pouco difícil de compreender.

Vamos, então, a alguns exemplos que nos farão olhar para o assunto de forma bem prática:

Pense em como funciona uma conta bancária. Se seu saldo estiver negativo, qualquer mínimo gasto que você faça acarretará mais juros, maior será sua dívida e pode ser que, em um determinado momento, a situação se torne insustentável.

Outro cenário é uma conta na qual o que você gasta é o mesmo que ganha, e isso se mostra confortável até o momento em que algo não planejado acontece, um carro quebra ou um parente precisa de ajuda e você percebe que estava no limite e não tem reservas que o ajudem a transitar pela situação inesperada de forma tranquila.

Você sempre pode recorrer a um empréstimo, ou retirar recursos de um lugar e alocá-los em outro. Funciona a curto prazo, mas a longo prazo esta situação terá reflexos em toda sua saúde financeira.

Imagine, agora, que constantemente você gera recursos em abundância e tem um patrimônio sólido.

Em um momento de crise, os recursos estarão lá, e você terá como lidar com o desafio de uma forma mais saudável.

Outro exemplo:

Se saímos na chuva desabrigados, corremos o risco de nos resfriar, mesmo que seja uma chuva fina. Se temos um guarda-chuva para nos proteger, então a chuva fina não nos afetará. Mas, algumas vezes, a chuva não é assim tão fraca e, neste caso, só um guarda-chuva talvez não seja o suficiente, precisaremos de galochas e capa.

E quando o que está do lado de fora é um furacão?

Neste caso, precisamos de um abrigo forte o suficiente para manter nossa integridade física, mental e emocional, a fim de que sejamos capazes de nos ajudar e ajudar quem está na tormenta, ao invés de nos deixarmos despedaçar por ela.

A Prática do Jin Shin Jyutsu nos possibilita adquirir recursos para lidar com os desafios da vida da forma mais equilibrada e harmoniosa possível.

Cabe aqui uma explicação sobre as modalidades de prática possíveis, que são autoaplicação e sessões com terapeutas qualificados.

A autoaplicação é o recurso no qual utilizamos nossas próprias mãos tocando nosso corpo em posições relativamente simples, para regular a energia e nos harmonizarmos.

Tenho escutado, ao longo dos anos, os testemunhos dos meus alunos de grupos de práticas sobre o incrível poder do autocuidado, e eu mesma percebo claramente sua eficiência em minha vida, na manutenção de minha saúde.

No oriente, as práticas de autocuidado visam prioritariamente à manutenção da saúde.

No ocidente, a maior parte de nós não foi educada com este hábito e, normalmente, procuramos ajuda quando já estamos com sintomas físicos, mentais ou emocionais.

Dependendo da gravidade dos sintomas, uma abordagem mais completa seria a associação de práticas de autocuidado, com sessões recebidas de um profissional qualificado, com um olhar cuidadoso e treinado, que detecte os fluxos mais eficientes para ajudar o projeto em questão.

Os fluxos praticados por um profissional podem ser diferentes, mais longos e mais complexos do que os propostos para autoaplicação.

O profissional também poderá escolher e indicar quais os fluxos de autocuidado são necessários a cada momento e orientar seu uso da maneira mais eficiente possível.

As duas formas de experimentar Jin Shin Jyutsu, autocuidado e receber sessões, são complementares e tornam os tratamentos de projetos complexos mais eficientes.

No Jin Shin Jyutsu, usamos a palavra "projeto" no lugar das palavras "doença" ou "problema".

Quando dizemos que temos uma doença, estamos falando de um lugar de pessimismo, vitimização e impotência.

Quando dizemos que temos um projeto, o projeto de retomar a saúde do nosso joelho, ou do nosso sistema digestivo, ou do nosso psiquismo, por exemplo, incorremos em uma ação consciente, proativa e otimista na intenção de realizar alguma coisa; no caso, restaurar a harmonia em determinada área da nossa vida física, mental ou emocional.

O foco do Jin Shin Jyutsu é ajudar as capacidades curativas do corpo.

O adoecimento, em qualquer nível, é um aviso para fazermos uma correção de rumo.

Por questões didáticas, as práticas deste livro são acompanhadas de listas com rótulos de desarmonias, mas leve sempre em consideração que a prática visa harmonizar a circulação da energia. O foco é na harmonia, e uma vez que ela se restabeleça, os rótulos (ou sintomas) tenderão a desaparecer.

Seja praticando o autocuidado, seja recebendo sessão, o importante é que ao praticarmos Jin Shin Jyutsu, *comprometida e constantemente,* ajudamos a harmonizar a circulação da energia no nosso corpo, restaurando seus caminhos naturais, para que possamos expressar a harmonia que já somos e enfrentarmos os desafios que a vida nos impõe fortalecidos e capazes.

"Expressar a harmonia que já somos"

Quando praticamos Jin Shin Jyutsu, não somos os "fazedores", não praticamos a arte para nos consertar, Jin Shin Jyutsu parte do princípio de que já somos perfeitos, já somos saudáveis. Praticamos para retirar os véus que encobrem esta perfeição.

Algumas vezes, conseguimos desvelar e vislumbrar a cura em pouco tempo, só com autoaplicação ou com poucas sessões, em uma experiência que parece miraculosa; outras vezes, o trabalho de retirar camadas e mais camadas de desarmonia que se sobrepuseram à expressão da Luz pode demorar anos.

Muitas vezes, atuamos em condições em que já não há mais expectativa de recuperação do corpo físico, mas manter a qualidade de vida, liberar as dores físicas e emocionais e liberar o medo são uma grande bênção do Jin Shin Jyutsu para pacientes em cuidados paliativos.

Ninguém pode dizer com certeza que sabe o que vai acontecer, nem quais são os desígnios que estão por trás de cada experiência de dor ou de cura, como me ensinou a jovem Manu.

> Manu, 25 anos, estava com dois tumores malignos, um em cada ovário, e iria removê-los cirurgicamente na semana seguinte.
>
> Sabendo dos poderes restauradores da arte, sua avó a aconselhou a fazer sessões diárias para ajudar o corpo a se recuperar da cirurgia. Todos na família estavam arrasados e aparentemente nada conseguiria consolar aquela jovem.
>
> Fizemos a primeira sessão toda em silêncio e ela chorou bastante. No segundo dia, enquanto recebia os fluxos, quase dormindo, disse:
>
> *Eu odeio criança.*
>
> Ao dizer isso, saiu do torpor sonolento e me olhou muito espantada.
>
> *Eu não sei por que eu disse isso...*
>
> *Eu adoro criança!*
>
> Eu continuei em silêncio e, em poucos minutos, a ouvi dizer:
>
> *Criança é muito perigoso.*
>
> Longo silêncio...

Eu devo estar ficando louca...

De onde eu estou tirando essas coisas?

Durante a terceira sessão, ela se lembrou de um fato ocorrido na infância.

A mãe precisou acudir uma vizinha que passava mal e, sem ter outra opção, deixou-a, aos 6 anos, tomando conta do irmão de 4.

O menino puxou a toalha da mesa, derramando sobre si o chá que restava no bule.

Ao voltar e perceber o ocorrido a mãe, assustada, temendo que o menino tivesse se queimado, gritou com a filha e disse que ela não servia para tomar conta de criança.

O chá estava frio, ele não se queimou, a mãe se acalmou e tudo voltou à normalidade. Todos esqueceram o fato. Todos, menos algum lugar do inconsciente de Manu que, nós supomos, acreditou no que a mãe dissera e guardou a mensagem que ela não servia para tomar conta de criança...

Teorizamos juntas que, ao ser pedida em casamento pelo noivo, alguma luz de alarme se acendeu nos recônditos do seu psiquismo e a ameaça iminente de ser posta à prova, em uma tarefa que alguma parte dela talvez acreditasse não poder cumprir, fez com que seu corpo providenciasse uma proteção contra o perigo que era cuidar de uma criança.

Conversamos muito...

A mãe, que, diga-se de passagem, era uma mãe dedicada, que teve uma fala infeliz em um momento de susto, juntou-se a nós na quarta sessão, choramos juntas, rimos juntas e encontramos soluções juntas.

Agora ela sabia que tinha sido um equívoco e que sim, ela provavelmente seria uma ótima mãe; e que sim, erraria, como todas as mães; e que não poder ovular não seria um problema.

Ela tentaria uma gestação por ovodoação, um óvulo vindo de outra mulher mas gerado em seu ventre, ou adotaria um bebê, e que aquela cirurgia não colocaria fim ao seu desejo de ser mãe, já que a maternidade transcende, em muito, gestar e dar à luz.

Nunca saberemos se nossas teorias estavam certas, se os motivos para que ela adoecesse eram realmente o que supomos, ou não, mas a quinta sessão foi bem mais tranquila. Manu foi embora sorrindo.

No dia seguinte, durante o pré-operatório, o médico resolveu pedir outro ultrassom.

Nenhum tumor encontrado.

Nada, nem vestígio.

Nem sempre acaba assim.

Alguns chegaram e partiram sem aparentemente encontrar o que buscavam.

Digo aparentemente porque tenho a firme convicção de que todo trabalho, SEMPRE, resulta em transformação, mas esta transformação, muitas vezes, acontece em algum lugar que a consciência não consegue alcançar.

Alguns, como dona Ângela, chegaram buscando uma coisa e encontraram outra, mais significativa.

Dona Ângela é uma mulher poderosa. CEO da própria empresa, comandava quase duas centenas de pessoas com mão de ferro. Não delegava nada.

Com quase 70 anos, mais de 50 deles trabalhando duro, aposentadoria não era uma palavra que existisse no seu vocabulário.

Ao admoestar a filha, chamando atenção para seu sobrepeso, ouviu que seria avó, e que não tinha sido comunicada porque a moça temia que ela ficasse mais desapontada por perder uma das advogadas da empresa por alguns meses, do que feliz por ganhar outro neto.

Esta era dona Ângela.

Diabética, hipertensa, com um seríssimo problema cardíaco, chegou até o Jin Shin Jyutsu porque não podia mais andar e fazer próteses nos joelhos, com sua condição física, não era uma opção.

Começamos trabalhando quase todos os dias.

Lembram? Quanto mais estressores do lado de lá da corda...

Aos poucos, fomos diminuindo o número de sessões semanais. A dor nos joelhos cedia um pouco, apenas o suficiente para ela dormir com menos remédios, mas não o suficiente para que ela voltasse a andar.

Ao longo dos meses, sua condição de saúde foi ficando cada vez melhor e, um ano e meio depois do início das sessões, ela era uma excelente candidata para próteses.

Sua melhora física foi importante para sua qualidade de vida, mas o que de fato chamou a atenção de todos foi a mudança na atitude.

Desde o começo do tratamento, com algumas poucas semanas, já tinha conseguido delegar um pouco o trabalho na empresa. Continuou neste processo e, quando se recuperou da cirurgia, se aposentou e foi viver uma vida que nunca se tinha permitido.

Mãe presente, avó carinhosa, turista ávida para desfrutar das belezas do mundo.

Se os joelhos tivessem melhorado logo, teria ela ficado tempo suficiente nas sessões para que outros aspectos do seu Ser se curassem?

CAPÍTULO 4

A PLANTA

Em 1989, eu queria construir uma casa. Foi difícil encontrar um arquiteto que conseguisse traduzir meus desejos incomuns para o papel mas, depois de muita busca, finalmente a planta da casa ficou pronta: uma perfeita interpretação do que eu queria, do que eu precisava para expressar quem eu era, do que gostava, e no que acreditava naquela época.

Eu acreditava (e ainda acredito), sobretudo, na família e na amizade, e uma casa que refletisse isso tinha que ter, com certeza, uma sala bem grande, mas bem grande mesmo, onde eu pudesse fazer reuniões, dar festas e dançar.

A cozinha para Érika daquela época podia ser pequena. A lareira tinha que ser no meio da sala. Estes e outras infinidades de detalhes faziam da minha uma casa muito peculiar. Eu e meus anseios, em forma de tijolo.

A construção ficou a cargo de um mestre de obras e do meu sogro, pois eu morava longe de onde estava construindo. Algumas semanas depois, voltei-para ver o andamento das obras.

Susto.

A casa construída não era a que estava na planta. Passou por adaptações, opiniões e influências de quem gerenciava a construção.

Usaram seus filtros e crenças pessoais para decidir que eu era jovem, que eu não sabia o que estava fazendo, que a casa era maluca, e que eles estavam me fazendo um favor em "arrumar" e "adequar" a planta para mim.

Algumas alterações eram razoavelmente fáceis de ser corrigidas, outras trabalhosas e caras, algumas mexiam com a fundação da casa e não podiam ser desfeitas.

Fizeram todas as mudanças com o maior amor e com a melhor das intenções, mas construíram uma casa que não me refletia em nada, e na qual nunca cheguei a morar.

Anos depois, este evento turbulento me ajudou a entender um conceito que poderia parecer muito complexo, mas que era na verdade muito simples: muitos desvios podem acontecer no caminho entre a planta e a manifestação.

Da planta à manifestação

No Jin Shin Jyutsu, chamamos a planta, a Matriz, de 6ª Profundidade.

Na Matriz estão as nossas características únicas. Nossos dons, talentos, atributos e os instrumentos que utilizaremos quando esta energia individualizada se densificar até o ponto em que espírito e matéria estejam unos, interligados, amalgamados e passemos a ser um espírito manifesto na matéria, Seres Humanos.

Existe, então, um propósito e uma planta, ou Matriz, que atende às necessidades deste propósito.

Entre a ideia na planta e sua manifestação no mundo concreto, podem entrar inúmeros aspectos estressores que deturpem, na manifestação, o conceito contido na planta original e, desta forma, o propósito nunca será alcançado.

Sempre que penso nisso me lembro de Théo.

> Théo era um jovem brilhante, amante das artes e da música, aprendeu a tocar violão e saxofone sozinho e, com pouco mais de 2 anos de aula, tinha ultrapassado seu professor de piano.
>
> Vivia e respirava música.
>
> Ao chegar o momento de decidir seu curso superior, não havia dúvida... seria música por certo.

Era evidente o que estava escrito em sua planta original, quais eram seus dons, talentos e recursos, mas...

Théo descendia de uma famosa linhagem de médicos. Avós, pais, tios e, agora, também irmãos e primos.

Donos de uma clínica enorme e muito movimentada, parecia-lhes natural que Théo aproveitasse essa estrutura já montada e bem-sucedida.

Os familiares o amavam muito e se preocupavam com seu futuro em um país que não valoriza seus artistas.

Ele, 19 anos, acreditou no que acreditavam os pais e a sociedade em geral.

Entrou na faculdade de medicina.

A música foi deixada de lado, pois a faculdade era exigente e ele teria que estar à altura do legado da família.

Conheci Théo pouco depois do seu aniversário de 50 anos.

Chegou ao consultório com seu carro caríssimo, terno de grife, sapatos e gravata impecáveis. Rico, famoso, Théo era um homem muito bem-sucedido pelos ângulos através dos quais a sociedade costuma olhar. Mas este homem tão bem-vestido por fora, por dentro era um morto-vivo.

Tinha sobrevivido a um infarto agudo do miocárdio e agora se arrastava pela vida sem disposição para nada.

Muitos foram os desvios entre seu propósito original e a vida que ele vivia, e o preço disso foi sua saúde.

Ao longo dos meses seguintes, nos víamos 2 vezes por semana, e ele foi relembrando quem era, o que veio fazer aqui e, aos poucos, foi resgatando sua saúde e sua alegria.

Não deixou de ser médico; na verdade, passou a valorizar e a gostar de ser médico, mas encontrou tempo para incluir a música de forma efetiva em sua vida.

Montou um conjunto com amigos da adolescência, entrou no coral do clube, fazia saraus literários e passou a frequentar o estúdio de som de um amigo, onde ajudava a mixar as faixas dos discos.

Hoje, Théo tem 63 anos. Está feliz, saudável, continua recebendo sessões semanalmente, que ele chama de "seu momento de descomprimir e descobrir", percebeu que pode ser um excelente médico sem ter que usar terno ou se dedicar só a isso.

O que aconteceu com a construção da minha casa, com a vida do Théo e de tantas outras pessoas não é incomum.

No processo de densificação da energia, entre a Matriz e a manifestação, muitos estressores podem interferir, desviar e sobrecarregar a energia, e o resultado disso é o que conhecemos como doença, dor, infelicidade.

Quando restabelecemos a circulação harmônica da energia, podemos entrar novamente em contato com nossa perfeição original e manifestá-la em nossa vida.

O momento de praticar Jin Shin Jyutsu é um momento de reconexão, não apenas com a "Fonte" de energia, mas com nosso estado de consciência plena.

No dia a dia permitimos que a mente e seus turbilhões ditem nosso comportamento, nossos sentimentos e nossa saúde.

Praticar Jin Shin Jyutsu é reservar um momento para que nossa consciência, nossa "Presença", assuma a liderança do nosso Ser, equilibrando nosso padrão respiratório, tranquilizando as emoções e permitindo que nosso corpo se restaure.

A prática *assídua* faz com que o tempo de "Presença" se torne cada vez maior, predominando sobre os automatismos, e o resultado disso é uma vida mais pacífica, mais feliz e mais saudável.

"Pratique a arte com a mente pura para que possa ser a própria arte."

Mary Burmeister

Para mim, praticar com a mente pura significa não colocar meus desejos naquele tratamento.

O que não é nada fácil, principalmente quando trabalhamos em nós mesmo, com amigos ou familiares.

É natural desejarmos que aquele sofrimento desapareça, mas devemos ter consciência de que isso não está sob nosso controle.

Apenas colocamos nossas mãos nas KI TEN, como instrumentos para que a arte se faça através de nós e não por nós.

CAPÍTULO 5

A PRÁTICA

O que descreveremos a seguir é uma arte, não uma técnica.

Arte implica em personalização, flexibilidade, escuta amorosa e atenta à sua necessidade individual.

São muitos os estados de consciência nos quais podemos praticar, e a cada dia perceberemos que a forma da aplicação e a qualidade da atenção dedicada a ela vai variar.

Você pode fazer Jin Shin Jyutsu a qualquer momento em qualquer lugar.

Qualquer momento em que suas mãos estejam desocupadas é um convite à prática.

No transporte público, de carona em um carro, na sala de espera do dentista, na fila do banco, no cinema, conversando com amigos, vendo tv.

A harmonização vai acontecer.

Mas entenda que tocar as KI TEN é um diálogo.

Quando você entra no elevador e cumprimenta seu vizinho, o tempo é suficiente apenas para um oi, um bom dia, um sorriso. O que já pode significar muita coisa, pode alegrar o seu dia e o dia do outro, mas ninguém vai começar um papo profundo em uma viagem de elevador, ou contar os segredos mais íntimos para um desconhecido.

Então, mesmo que a prática sem a atenção voltada para a contemplação do seu estado de Ser seja válida (e muitas vezes a única possível), tente reservar ou se proporcionar momentos que sejam mais propícios para uma conversa mais profunda, mais íntima, quando os atributos de cada KI TEN poderão ser trazidos à sua percepção, consciência e, consequentemente, experiência.

Busque conforto.

Algumas práticas são feitas mais facilmente na posição deitada, outras na posição sentada. Almofadas e travesseiros ajudam muito.

Tenha tudo o que precisa à mão e permita-se fazer os fluxos da forma mais relaxada e confortável possível.

Quando uma posição for difícil ou desconfortável, simplesmente pule aquela posição e vá para a próxima.

Se você tem limitações físicas e a prática parecer difícil, apenas segure o dedo facilitador sugerido, respire, relaxe e "seja", sem esforço, o Ser de compaixão e consciência através do qual a energia Criadora restauradora se manifestará.

Os toques poderão ser feitos com as palmas, os dedos ou mesmo o dorso das mãos.

Aos poucos, sua sensibilidade irá aumentando e, após alguns minutos mantendo um toque, você poderá sentir um pulsar rítmico sincrônico entre as mãos e as KI TEN. Se isto acontecer pode seguir em frente para a posição seguinte.

Caso não sinta a pulsação, não se preocupe, é possível que este pulsar demore a ser percebido. Mesmo assim, a harmonização ocorrerá.

Confie que a força harmonizadora da vida está trabalhando através de você e para você e mantenha a prática, guiando o momento de trocar de posição através da sua intuição ou de marcação de tempo.

Para fluxos com vários passos, estabeleça um período de permanência em cada posição de 2 a 3 minutos, mas não se prenda ao relógio, navegue com sua respiração e sinta seu corpo dizendo quando deve mudar de posição.

Não é necessário distribuir igualmente o tempo em cada passo do fluxo escolhido, perceba aquele que traz mais alívio, paz, satisfação ou libera sua respiração e fique quanto tempo desejar em cada posição.

Lembra? É uma arte, não uma técnica.

Quando for praticar fluxos com apenas uma posição, considere permanecer mais tempo na mesma, mesmo depois que a pulsação entre as KI TEN e as suas mãos tiver se estabelecido.

Antes de cada prática, faça um pequeno momento de observação sobre seu estado de Ser.

Como você se sente nesse momento, como estão as suas emoções, sua mente, sua respiração.

Observe-se sob o ponto de vista do "JIN" — o Ser de compaixão e sabedoria.

Seja apenas um observador, abrace a sua realidade deste momento, respire e não tente mudar nada, apenas observe como estão seu corpo, sua mente e suas emoções.

Esta observação não implica em julgamento ou crítica, tem apenas o intuito de expandir sua compreensão sobre você mesmo.

Durante as práticas você perceberá sua mente devaneando, é da natureza da mente devanear.

Não se aborreça, não se critique, perceba que pensamentos vieram e permita que eles passem, não se engaje neles.

O ambiente também pode gerar ruídos que o distraiam, escute o som, perceba que ele acontece no mundo externo e mantenha a atenção na sua respiração.

Mantenha sua atenção ao seu estado de ser nesse momento.

O mundo externo tentará captar sua atenção, mas o convite do Jin Shin Jyutsu é para que você mergulhe em si mesmo.

Sempre que perceber que devaneou, volte sua atenção para o toque das suas mãos nas KI TEN, para a respiração ou observe o contato do seu corpo com o sofá, cadeira ou cama.

Na hora que for tocar seu corpo, lembre-se:

As KI TEN são centros vivos, repositórios da sabedoria cósmica, que permitem que você experimente no microcosmos os atributos do macrocosmos.

Uma das formas de nos referirmos a elas é: Divindades Fluidas.

Sendo assim, toque suas KI TEN com respeito pelo que elas significam.

Você não está tocando só em pele, músculo, osso, está tocando na Matriz de energia que conhece sua perfeição.

É comum haver dúvida sobre por onde começar a prática.

Podemos escolher o fluxo que parece mais adequado para os projetos que queremos harmonizar ou podemos passear livremente por todos até notarmos que um deles nos encanta mais naquele momento, nos traz mais paz, alegria e alívio.

Você pode passar períodos apaixonado por alguma KI TEN específica, conversar com ela longamente todos os dias, às vezes por meses, até sentir que muitos aspectos dos atributos desta KI TEN lhe foram revelados e que agora deseja experimentar outra.

É uma arte.

É sua jornada pessoal.

Não importa por onde você comece, desde que toque seu corpo e o faça com a maior presença de espírito possível naquela ocasião.

Disciplina, frequência, comprometimento.

Para algumas pessoas, a palavra "disciplina" traz a sensação de restrição e de sofrimento. Do meu ponto de vista, disciplina é uma das formas mais eficientes para alcançar a liberdade.

Quando você tem disciplina em cuidados pessoais, o resultado disso é alegria e saúde em todos os níveis.

Nada mais libertador do que não ser refém de dores e limites físicos, mentais ou emocionais.

MÃOS À OBRA

Em relação a todos os atos de iniciativa e de criação, existe uma verdade fundamental cujo desconhecimento mata inúmeras ideias e planos esplêndidos: a de que no momento em que nos comprometemos definitivamente, a providência também se move. Toda uma corrente de acontecimentos brota da decisão, fazendo surgir a nosso favor toda sorte de incidentes e encontros e assistência material que nenhum homem sonharia que viesse em sua direção. O que quer que você possa fazer ou sonhe que possa, faça. Coragem contém genialidade, poder e magia. Comece agora.

Johann Goethe

CAPÍTULO 6

ENERGIA HARMONIZANTE UNIVERSAL

Energia Harmonizante Universal Vertical Central Principal

"Uma pedra é cortada de uma montanha.

Ela tem a mesma natureza da montanha mas, quando desconectada, ela deixa de ser chamada montanha e é chamada pedra.

Nem um único átomo de sua essência mudou, mas o fato de ter sido retirada da montanha tornou-a outra coisa.

Coloque a pedra de volta na montanha e ela deixa de ser uma pedra.

Desta forma, a existência da pedra não é determinada por sua substância, mas por sua relação com a montanha, que é sua origem."

Michael Berg[1]

---

[1] BERG, Michael. *Tornar-se como Deus: a Cabala e nosso destino final.* Rio de Janeiro: Rocco, 2007, p. 17.

A Energia Harmonizante Universal Vertical Central Principal nos conecta com a Energia Criadora que nos originou e nos alimenta continuamente.

Através de seu movimento circular, em espiral, que desce pela frente do nosso corpo, da cabeça ao púbis na expiração, e sobe pelas nossas costas até o alto de nossas cabeças na inspiração, nos mantêm ligados, em ritmo e harmonia, com a Fonte da Vida.

Este fluxo é a fonte de energia para todos os outros 144.000 fluxos que percorrem nosso corpo, mantendo nutrida cada molécula do nosso ser e traz harmonia para todos os aspectos da vida.

Elemento Fogo

A prática do fluxo completo, com seus 8 passos, acende e alimenta o desejo de viver.

Nos conecta com nossa planta original e nos ajuda a relembrar nossos potenciais, talentos, possibilidades e dons, ajudando a revelar nossa vocação e auxiliando quem precisa definir ou redefinir trajetórias na vida.

Aumenta a vitalidade e o ânimo, traz entusiasmo, alegria, sentimento de adequação e pertencimento.

É um grande aliado em casos de depressão, tristeza profunda ou desespero.

Pode ajudar a:

→ nutrir e regular todas as funções fisiológicas;
→ auxiliar projetos de coluna;
→ restabelecer equilíbrio hormonal;
→ regular o metabolismo;
→ fortalecer o sistema imunológico.

Palavras de referência: espírito, energia, vontade, ânimo, coluna, sistema hormonal.

Prática

Cada passo do Fluxo Central Principal traz benefícios adicionais aos já listados anteriormente. Podemos dedicar mais tempo, ou mesmo fazer uma única posição que nos pareça mais necessária em determinado momento.

Mantenha as mãos (palma, dorso ou ponta dos dedos) em cada posição por alguns minutos ou até sentir uma pulsação rítmica em ambas as mãos.

As fotos têm a intenção de mostrar da forma mais clara possível as áreas a serem tocadas.

Para esta prática, **a posição deitada**, com os braços apoiados por almofadas, é a mais confortável.

1. Coloque a mão direita no topo da cabeça e a mão esquerda entre as sobrancelhas.

Esta posição pode ajudar a:

→ revitalizar as funções do cérebro e a memória;
→ harmonizar as glândulas pineal e pituitária;
→ dissipar o *stress* mental;
→ limpar a mente;
→ trazer foco;
→ dissipar a senilidade;
→ regular a circulação sanguínea;
→ cuidar de todos os aspectos relacionados a ossos e músculos.

2. Mantendo a mão direita no topo da cabeça, coloque a mão esquerda na ponta do nariz.

Esta posição pode ajudar a:

- → cuidar de todos os aspectos relacionados à pele e às articulações;
- → minimizar sintomas de artrite, reumatismo, gota;
- → revitalizar as funções do sistema reprodutivo;
- → trazer criatividade, alegria e entusiasmo.

3. Mantendo a mão direita no topo da cabeça, coloque a mão esquerda na parte de cima do esterno.

Esta posição pode ajudar a:

- → regular as funções da tireoide e da paratireoide;
- → regular a absorção de cálcio e influenciar em rótulos como osteopenia e osteoporose;
- → regular o crescimento e a vitalidade.

4. Mantendo a mão direita no topo da cabeça, coloque a mão esquerda na parte central do osso esterno.

Esta posição pode ajudar a:

→ fortalecer o sistema imunológico;

→ fortalecer o pulmão e harmonizar a respiração;

→ equilibrar o apetite;

→ liberar a raiva e os conflitos emocionais;

→ solucionar projetos urinários e intestinais;

→ trazer vitalidade para os órgãos reprodutores.

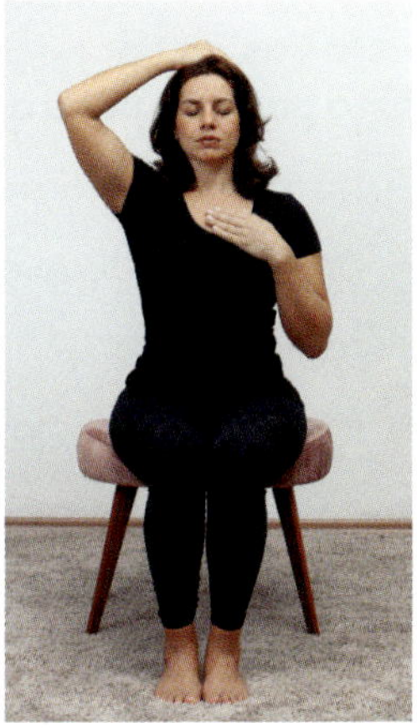

5. Mantendo a mão direita no topo da cabeça, coloque a mão esquerda na base do esterno.

Esta posição pode ajudar a:

→ trazer vitalidade para o corpo;

→ harmonizar projetos digestivos, azia e gases;

→ equilibrar o apetite;

→ digerir informações e situações;

→ acalmar a mente;

→ prevenir acidente vascular cerebral (derrame);

→ melhorar a visão;

→ lubrificar as articulações;

→ regular a química do sangue.

6. Mantendo a mão direita no topo da cabeça, coloque a mão esquerda um pouquinho acima ou abaixo do umbigo, onde for a área de maior tensão.

Esta posição pode ajudar a:

→ harmonizar a área abdominal;
→ promover saúde dos órgãos reprodutivos;
→ melhorar o funcionamento dos intestinos.

7. Mantendo a mão direita no topo da cabeça, coloque a mão esquerda no púbis.

Esta posição pode ajudar a:

→ fortalecer a coluna vertebral;
→ cuidar de projetos com rótulos graves, assustadores e ameaçadores à vida;
→ revitalizar o sistema reprodutivo;
→ recarregar de energia o corpo esgotado;
→ promover a saúde dos ossos e dos músculos;
→ harmonizar os sistemas excretor e urinário;
→ regular a energia que circula pelo corpo da cabeça aos pés.

8. Mantendo a mão esquerda no púbis transfira a mão direita do alto da cabeça para o cóccix.

Esta posição pode ajudar a:

→ dar suporte para todas as funções do corpo;

→ harmonizar projetos nas pernas e nos pés;

→ circulação, edemas, varizes, câimbras;

→ fraturas;

→ pés frios, joanetes.

Se for possível, faça a prática da Energia Harmonizante Universal Vertical Central Principal duas vezes por dia. Pela manhã, traz energia e vitalidade. À noite, ajuda a limpar o acúmulo e o *stress* do dia, para que você possa ter uma boa e *reparadora* noite de sono.

Caso não possa fazer todos os passos, utilize uma variação deste fluxo:

Opção 1. Coloque a mão direita no alto da cabeça e a mão esquerda no púbis, depois de alguns minutos, mantendo a mão direita na cabeça, traga a mão esquerda para o cóccix.

Opção 2. Toque o centro da palma das mãos.

Energia Harmonizante Universal
Supervisor Vertical Principal

Elemento Ar

Os Fluxos Supervisores são chamados de Inteligência Iluminadora. Eles ajudam no equilíbrio das atividades mentais, trazem sabedoria, ampliação do ponto de vista, aumento da consciência e da compreensão.

Palavras de referência: pensamento, sabedoria, inteligência, compreensão, lógica, bom-senso.

Supervisor Esquerdo

→ cuida de todas as funções do lado esquerdo do corpo;
→ ajuda a expirar;
→ ajuda a manifestar os potenciais;
→ rege a energia do passado;
→ harmoniza projetos hereditários ou genéticos;
→ auxilia quem tem dificuldade de lidar com os aspectos objetivos da vida;
→ auxilia o pensamento lógico, racional, metódico, concreto, analítico, detalhista e capaz de enxergar as partes.

Supervisor Direito

→ cuida de todas as funções do lado direito do corpo;
→ ajuda a inspirar;
→ aumenta a capacidade de se abrir para receber abundância;
→ rege a energia de limpeza e regeneração do corpo;
→ rege o estilo de vida atual;

- traz os *insights* que permitem que eu mude minhas concepções passadas;
- auxilia quem tem dificuldade de lidar com os aspectos subjetivos da vida;
- auxilia o pensamento abstrato, subjetivo, intuitivo, artístico, simbólico, capaz de enxergar a totalidade.

Prática

Coloque-se em uma posição confortável, sentado ou deitado, com os braços apoiados. Mantenhas as mãos (palma, dorso ou ponta dos dedos) em cada posição por alguns minutos ou até sentir uma pulsação rítmica.

Supervisor Esquerdo

Coloque a mão direita no ombro esquerdo bem próximo ao pescoço (KI TEN 11), e a mão esquerda desde a lateral externa da coxa esquerda até próximo ao ísquio esquerdo (KI TEN 25).

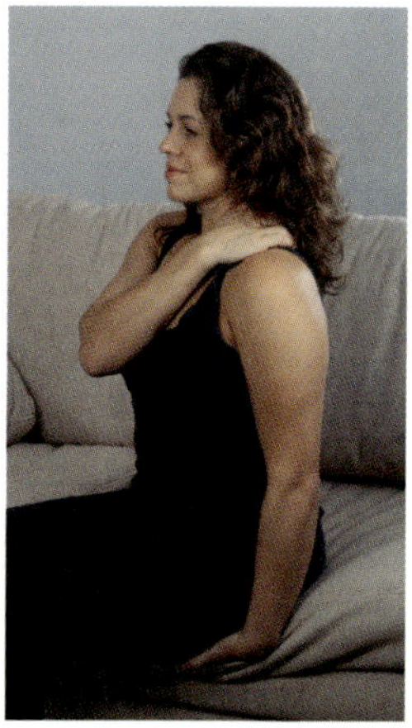

Esta posição pode ajudar a aliviar:

- → dores de cabeça;
- → *stress* mental;
- → sinusite;
- → projetos respiratórios, rótulos no pulmão esquerdo;
- → projetos na mama esquerda;
- → projetos no baço e pâncreas;
- → dor no estômago;
- → indigestão, cólicas e gases;
- → desconforto nos órgãos reprodutivos;
- → prisão de ventre.

Mantenha a mão direita no ombro esquerdo bem próximo ao pescoço (KI TEN 11), e a mão esquerda no alto da coxa esquerda, próximo à virilha (KI TEN 15).

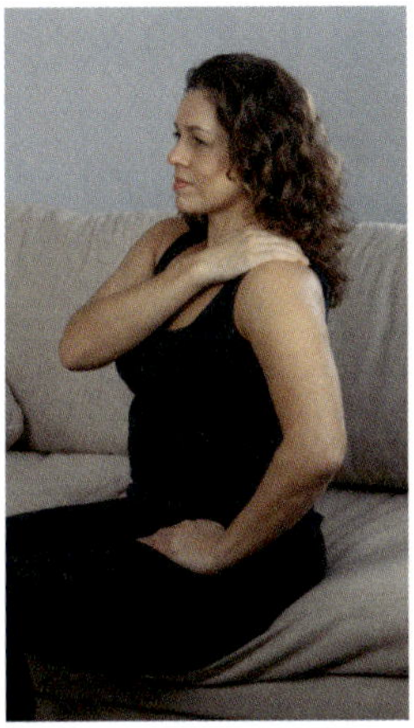

Esta posição pode ajudar a aliviar:

→ dor, desconforto ou cansaço nas costas;

→ projetos de coluna;

→ desconforto, dor ou inchaço na perna esquerda.

Supervisor Direito

Coloque a mão esquerda no ombro direito bem próximo ao pescoço (KI TEN 11), e a mão direita desde a lateral externa da coxa direita até próximo ao ísquio direito (KI TEN 25).

Esta posição pode ajudar a aliviar:

→ dores de cabeça;

→ *stress* mental;

→ sinusite;

→ projetos respiratórios;

→ mama direita;

→ fígado e vesícula biliar;

→ dor no estômago;

→ indigestão;

→ *stress* abdominal;

→ cólicas;

→ gases;

→ desconforto ou dor nos órgãos reprodutivos;

→ desconforto no apêndice (faça a posição enquanto busca ajuda médica);

→ diarreia.

Mantenha a mão esquerda no ombro direito bem próximo ao pescoço (KI TEN 11), e a mão direita no alto da coxa direita, próximo à virilha (KI TEN 15).

Esta posição, ajuda a aliviar:

→ dor, desconforto ou cansaço nas costas;

→ projetos de coluna;

→ desconforto, dor, inchaço na perna direita.

Energia Harmonizante Universal Diagonal do Mediador

Na 3ª circulação dos Supervisores, nasce a Energia Harmonizante Universal Diagonal do Mediador.

"Princípio da Atividade"

Traz o princípio do movimento e da atividade para todas as áreas da vida.

O arcabouço energético engendrado pelos Fluxos da Trindade — Central Principal, Supervisor Esquerdo e Supervisor Direito — é posto em movimento para alcançarmos efetivamente a manifestação.

O aumento da consciência e a expansão dos pontos de vista alcançados a partir da experimentação dos atributos complementares dos Supervisores, aumenta meu patrimônio de consciência evolutiva, na medida em que é incorporado ao Central Principal, através da ação dos Mediadores.

Elemento Água

O Mediador é responsável pelo fluxo das emoções. Sentimentos ou emoções estagnadas são a causa principal das desarmonias no corpo.

Pode ajudar a:

→ aliviar *stress* físico, mental e emocional;

→ trazer equilíbrio e movimento para todos os aspectos da vida;

→ harmonizar os relacionamentos;

→ desenvolver habilidades de comunicação;

→ atrair as circunstâncias e os recursos necessários a fim de que possamos exercer plenamente nossos dons individuais;

→ aumentar o magnetismo pessoal;

- → projetos no sistema reprodutivo;
- → ombro, braço, antebraço, mão e dedos;
- → desconfortos nos olhos;
- → sintomas de resfriado e febre, obstrução do nariz ou do peito;
- → qualquer projeto ligado ao movimento, ou a falta dele, mental, emocional ou físico;
- → trazer expansão, novos horizontes, voos mais audaciosos.

Palavras de referência: emoção, movimento, relacionamentos.

Prática

Coloque-se em uma posição confortável, sentado ou deitado, com os braços apoiados. Mantenha as mãos (palma, dorso ou ponta dos dedos) em cada posição por alguns minutos ou até sentir uma pulsação rítmica.

Mediador Esquerdo

Faça um anel com a palma do polegar esquerdo sobre a unha do anular esquerdo. Coloque a mão direita no ombro esquerdo, bem perto do pescoço (KI TEN 11). Então, coloque o arco do pé direito (KI TEN 6) na lateral interna do joelho esquerdo (KI TEN 1) ou, se isso for difícil, junte os joelhos e toque um no outro.

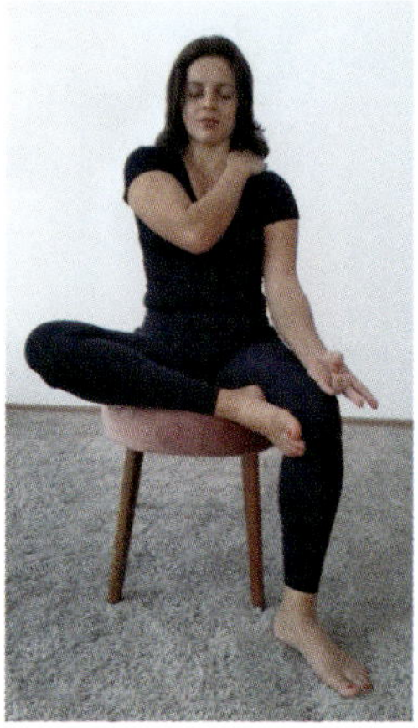

Para o mediador direito, inverta a posição das mãos.

CAPÍTULO 7

ATITUDES

Idealmente, deveríamos ser capazes de experimentar as emoções de modo fluido, sem permitir que elas se cristalizassem em nós.

Na experiência da vida, às vezes, é inevitável que nos sintamos preocupados, tristes, com medo ou enraivecidos, mas se permitirmos que estes sentimentos se congelem em nós, passaremos a ver a vida através da lente destas emoções.

Atitudes são sentimentos ou emoções que estagnaram por anos de hábitos mentais e emocionais. Temos atitudes quando ficamos presos em um determinado tipo de reação diante da realidade.

Tudo o que se repete inúmeras vezes acaba criando um padrão de sinapses nervosas e bioquímicas, gerando uma reação emocional constante, qualquer que seja o estímulo a que eu esteja submetido.

Fico cristalizado em um tipo de reação, sou dominado por ela e perco a liberdade de escolha. São as tensões acumuladas quando estamos vivendo em atitudes que restringem o fluxo da energia vital, gerando fadiga.

Se estas tensões persistirem, a desarmonia se instala, podendo se manifestar no físico, no emocional ou na mente, gerando sofrimento, dor e doença.

Devemos ter recursos que nos amparem nos momentos difíceis, para que passemos de forma menos dolorosa possível e que, sobretudo, nos permitam transcender estes sentimentos.

Viver com atitudes cristalizadas é a principal causa de desarmonias no Ser. A vida é movimento, é dança contínua, e as emoções deveriam estar em constante mudança.

Cada profundidade, quando em desarmonia, manifesta um tipo de atitude e suas derivações. Podemos harmonizar as profundidades com o simples gesto de envolver os dedos, dissolvendo, assim, a atitude relacionada à desarmonia da profundidade em questão.

Prática

Coloque-se em uma posição confortável, sentado ou deitado, com os braços apoiados. Envolva o dedo por alguns minutos ou até sentir uma pulsação rítmica.

1ª Profundidade

Princípio: sustentação, nutrição, digestão, manifestação.

Elemento: Terra

Planeta: Saturno

Cor: Amarela

KI TEN: 1 a 4

Energia Função Órgão: Estômago e Baço

Atitudes em desarmonia: ansiedade, preocupação, obsessão.

Dedo harmonizador: Polegar

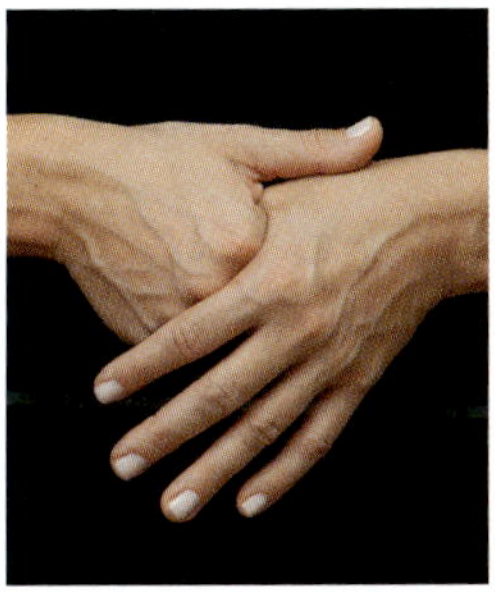

Segurar o dedo POLEGAR pode ajudar a:

→ dissolver as atitudes em desarmonia;

→ manifestar os potenciais;

→ concretizar ideias;

→ restabelecer autoestima e amor-próprio;

→ desenvolver serenidade e paciência;

→ comunicar-se de uma maneira equilibrada;

→ dissipar a fadiga diária;

→ liberar dor de cabeça e desconfortos na nuca;

→ liberar tensão dos ombros;

→ liberar tensão nos pulmões e problemas de respiração;

→ digerir alimentos e pensamentos;

→ harmonizar qualquer aspecto da nutrição, como distúrbios alimentares;

→ evitar que uma dor se instale.

2ª Profundidade

Princípio: compreensão dos ciclos, desapego.

Elemento: Ar

Planeta: Vênus

Cor: Branca

KI TEN: 5 a 15

Energia Função Órgão: Pulmão e Intestino Grosso

Atitudes em desarmonia: tristeza, apego, pesar, negatividade, diminuição do bom-senso.

Dedo harmonizador: Anular

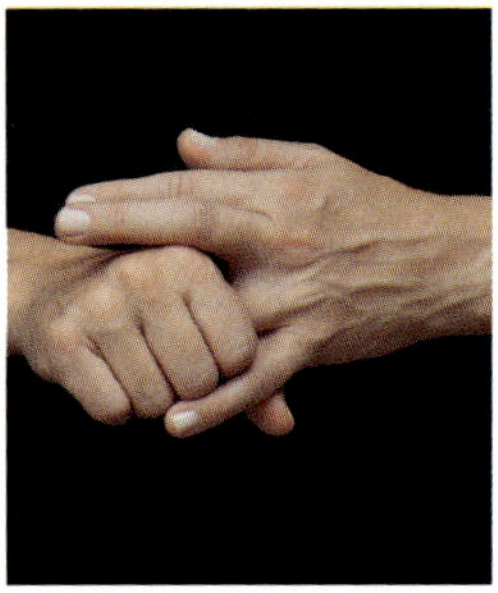

Segurar o dedo ANULAR pode ajudar a:

→ dissolver as atitudes em desarmonia;

→ dissolver *stress* e traumas emocionais profundos;

→ aprender a lidar com os ciclos da vida;

→ desenvolver alegria;

→ harmonizar o sistema respiratório e os projetos de respiração;

→ minimizar qualquer distúrbio de pele;

→ minimizar desconfortos no ouvido.

3ª Profundidade

Princípio: poder, autoridade em equilíbrio.

Elemento: Madeira

Planeta; Júpiter

Cor: Verde

KI TEN: 16 a 22

Energia Função Órgão: Vesícula Biliar e Fígado

Atitudes em desarmonia: raiva, frustração, irritabilidade, indecisão, falta de coragem.

Dedo harmonizador: Médio

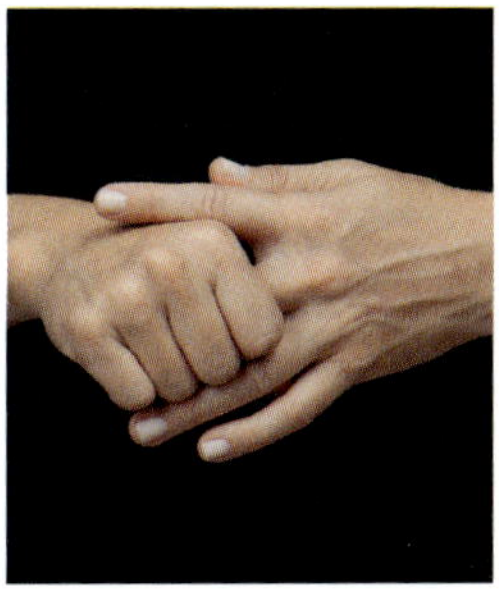

Segurar o dedo MÉDIO pode ajudar a:

- → dissolver as atitudes em desarmonia;
- → expandir o sentimento de compaixão;
- → desenvolver compreensão e aceitação de que as coisas não estão sob nosso controle;
- → lubrificar as articulações;
- → remover as toxinas alojadas no fígado;
- → dissolver pedras na vesícula biliar;
- → liberar tensão nos olhos e testa;
- → equilibrar a química do sangue;
- → dissolver o medo de perder o controle ou o poder.

4ª Profundidade

Princípio: movimento.

Elemento: Água

Planeta: Mercúrio

Cor: Azul-escuro ou preto

KI TEN: 23

Energia Função Órgão: Bexiga e Rim

Atitude em desarmonia: medo, timidez, depressão, perfeccionismo, criticismo, crença em falta e limitações em qualquer nível.

Dedo harmonizador: Indicador

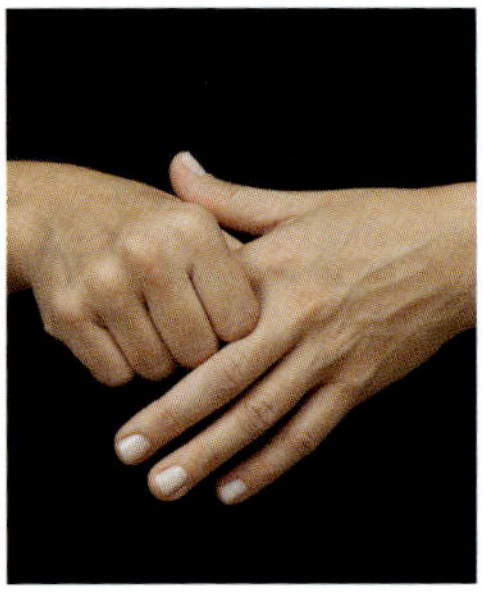

Segurar o dedo INDICADOR pode ajudar a:

→ dissolver as atitudes em desarmonia;

→ desenvolver confiança;

→ dissolver a crença em escassez e limitações;

→ relaxar as costas;

→ minimizar dores nos músculos;

→ harmonizar ombros, braços, cotovelos, antebraços, mãos e dedos;

→ liberar edemas ou retenção de água;

→ minimizar infecções urinárias;

→ ativar as funções que revitalizam ossos e medula;

→ promover saúde dos dentes e gengivas;

→ evitar que uma dor nas costas se instale.

5ª Profundidade

Princípio: autoaceitação e autovalorização.

Elemento: Fogo

Planeta: Marte

Cor: Vermelha

KI TEN: 24 a 26

Energia Função Órgão: Coração e Intestino Delgado

Atitudes em desarmonia: esforço para ser alguém diferente de quem realmente somos, confusão mental, insegurança, nervosismo extremado.

Não aceitar ou ter vergonha de nós mesmos faz com que tentemos e nos esforcemos para ser uma pessoa diferente da nossa real natureza.

Mary Burmeister chamou esta atitude inicialmente de "a atitude que dissipa a felicidade".

Dedo harmonizador: Mínimo

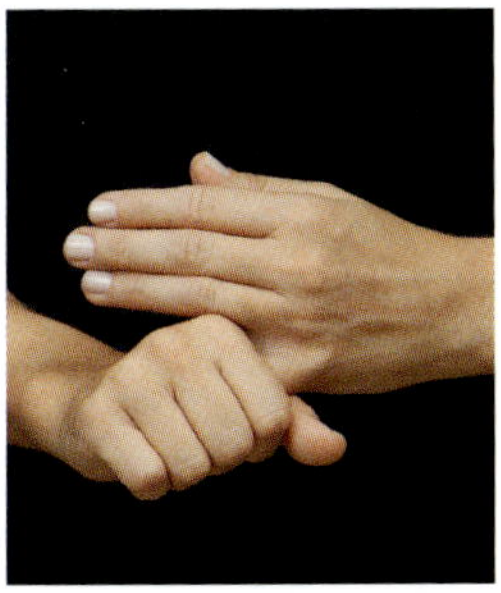

Segurar o dedo MÍNIMO pode ajudar a:

→ harmonizar a imagem idealizada, aceitar, valorizar e expressar quem eu realmente sou;

→ desenvolver autorrespeito, espontaneidade;

→ acessar a fonte do saber e do conhecimento intuitivo;

→ harmonizar as funções do coração;

→ minimizar problemas de circulação em geral;

- proteger as paredes de veias e artérias;
- promover relaxamento do sistema nervoso;
- regular a tireoide;
- melhorar a função auditiva;
- promover saúde dos ossos;
- evitar que uma dor de garganta se instale.

Talvez a atitude relacionada à 5ª Profundidade seja a mais difícil de ser compreendida na teoria mas, na prática, a maior parte de nós já teve a experiência de dizer a amigos, familiares ou colegas de trabalho algo diferente do que estava realmente sentindo, as "mentirinhas brancas".

Normalmente, fazemos isso em circunstâncias sociais, para nos pouparmos de dar maiores explicações sobre nossos sentimentos ou para sermos amáveis.

Algumas pessoas, no entanto, na ânsia de agradar a todos e assim receber sua aprovação e amor, atuam, não vivem.

Vestem tantos e tão distintos personagens sempre se adaptando à plateia em questão, que após algum tempo podem não saber mais quem realmente são.

Foi a dura lição que aprendi com Raul.

> Cheguei à clínica sabendo que o que me esperava lá seria difícil.
>
> Faz parte da minha escolha como terapeuta cuidar de pacientes em estado terminal, levar a eles conforto emocional, alívio da dor e melhora da qualidade de vida até seu momento final, mas isso não é simples ou fácil.

Quando conheci Raul seu estado era crítico, decorrente de um câncer muito invasivo.

Ele estava em cuidados paliativos.

Passei a fazer sessões com Raul todos os dias, às vezes, duas vezes por dia.

Ele era jovem, tinha dois filhos pequenos mas, apesar das dores e do desconforto, parecia sereno. Estranhamente sereno para quem estava passando por aquela situação. Imaginei que ele estivesse poupando a família da sua dor, mas a questão era outra.

Raul tinha nascido em uma familia com valores tradicionais muito severos, e acreditava nestes valores, mas quis a vida, e ela quase sempre nos desafia a expandirmos nossos horizontes, que ao final da adolescência ele se apaixonasse por seu amigo de infância.

A paixão foi correspondida, e eles passaram os anos seguintes em um relacionamento secreto.

Raul se casou, teve filhos, cumpriu todas as formalidades sociais, manteve as aparências. E era feliz, de certo modo, nesta vida dupla.

Um dia, no entanto, seu companheiro decidiu não mais viver nas sombras e pediu-lhe que fizesse uma escolha.

Estava posto o conflito.

Escolher entre a família ou o relacionamento.

Na sua percepção, a escolha era entre perder o respeito dos pais, dos filhos e desiludir a esposa, por quem ele tinha um profundo afeto, ou perder o amor de uma vida.

Ele levou algumas horas para me contar todos os lindos, sofridos e difíceis detalhes destas duas histórias de amor e terminou seu relato com a frase que ficou guardada no meu coração, como um espinho, por muito tempo.

— Não posso viver sem minha família, não posso perder o meu amado. Eu fiquei aliviado quando descobri que ia morrer.

Ele partiu em 10 dias, e eu entendi o que Mary quis dizer ao falar que fingir ser alguém diferente de quem você é realmente é a "atitude que dissipa a felicidade".

O caso de Raul foi extremo, mas me fez refletir sobre as pequenas mortes invisíveis de partes de nós quando decidimos, por qualquer razão, não valorizar, aceitar e expressar quem realmente somos.

CAPÍTULO 8

KI TEN

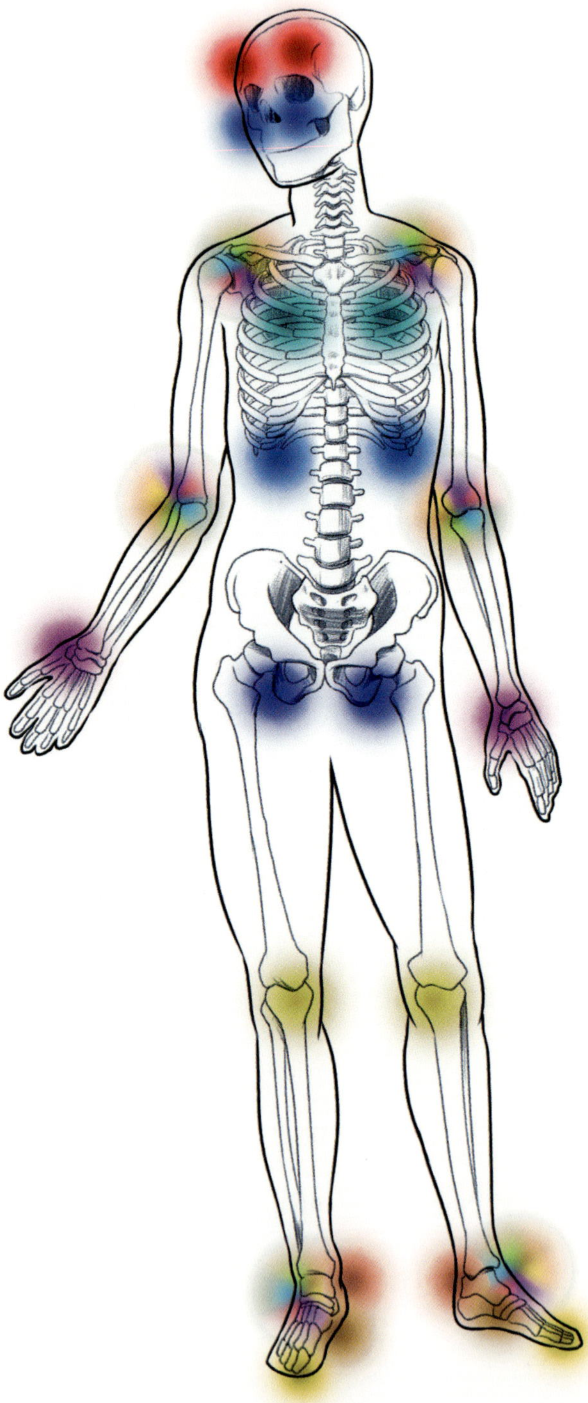

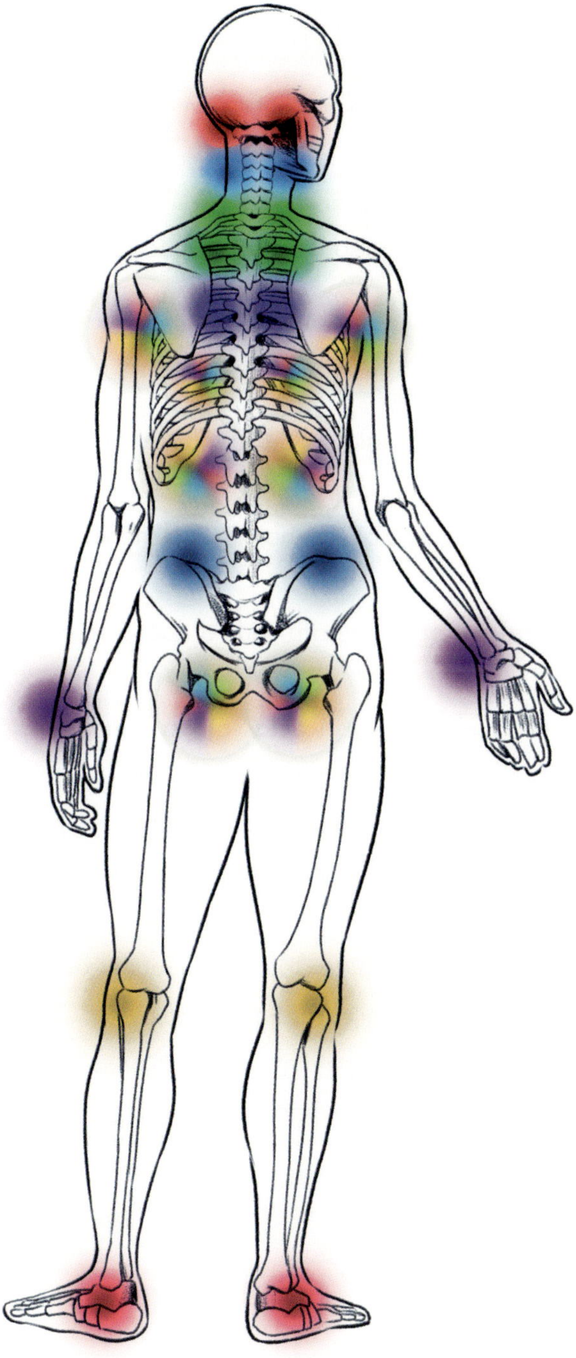

As KI TEN são nosso principal instrumento de harmonização. Quando as tocamos, isoladamente ou em sequências específicas, ajudamos a restaurar e a harmonizar os fluxos de energia no corpo e trazemos suas qualidades e atributos para nossa experiência de vida. Elas representam atributos macrocósmicos no microcosmo que EU SOU.

É como tocar um Universo inteiro, tocando meu corpo.

As áreas que descrevem o local aproximado das KI TEN são referências anatômicas para localização destas esferas de luz, que têm o tamanho aproximado da palma da sua mão.

Você não está tocando apenas seu joelho, ou seu ombro, ou sua cabeça, está tocando centros de sabedoria que, além de organizarem a passagem dos 144.000 fluxos de energia no corpo, nos permitem entrar em contato com seus variados atributos ao serem tocados. Tenha isto em mente quando fizer a prática.

Assim, toque suas KI TEN e entre em contato com seus arquétipos, com o devido respeito e reverência.

Não perca de vista o fato de que cada uma delas ajuda centenas de aspectos em sua vida através de intrincadas redes de relações, dessa maneira, cada vez que você faz uma prática, os benefícios transcenderão em muito aqueles contemplados nas listas que fiz para facilitar sua escolha na hora da prática.

Outro fator importante a considerar é o fato de o Jin Shin Jyutsu trabalhar simultaneamente em esferas distintas de manifestação no nosso Ser.

Deste modo, cada toque harmonizará todas as dimensões do nosso ser, os aspectos físico, mental, emocional e espiritual que são de fato, sob o ponto de vista do Jin Shin Jyutsu, instâncias indissociáveis.

As KI TEN funcionam de uma maneira semelhante aos sistemas de disjuntores que protegem uma casa de sobrecargas elétricas. Uma vez exposto a uma voltagem elevada, o disjuntor desliga e interrompe a passagem da energia, impedindo que a sobrecarga atinja todo o sistema.

Da mesma forma, as KI TEN respondem ao nosso estilo de vida, ou aos nossos estados emocionais, e começam a apresentar tensão ou "sintomas" como uma sinalização de que o padrão de algum fluxo de energia se alterou, gerando desarmonia no sistema, e que precisamos observar e tomar as devidas medidas para restauração de seu fluxo harmônico.

Caso não prestemos muita atenção a esta mensagem, e continuemos levando um estilo de vida desgastante, eventualmente os sintomas serão cada vez maiores e mais graves, sempre na tentativa de alertá-lo para a necessária mudança na forma de viver, sentir e pensar.

A grande generosidade da arte do Jin Shin Jyutsu consiste em não apenas alertá-lo para as necessidades de mudança, como também oferecer respostas práticas e eficientes sobre como conseguir efetivá-las.

Através da harmonização destes centros de energia e dos fluxos que por eles passam, o Jin Shin Jyutsu pode ajudar a pessoa a experimentar saúde em todos os níveis.

Prática

Sempre que for iniciar uma prática, coloque-se em uma posição confortável, sentado ou deitado, com os braços apoiados. Mantenha as mãos (palma, dorso ou ponta dos dedos) em cada posição por alguns minutos ou até sentir uma pulsação rítmica.

KI TEN 1

O movimentador primordial

Vibra as qualidades de Mercúrio, o mensageiro entre os deuses e os homens, conectando o mais alto cosmo ao mais profundo centro da manifestação.

A partir da Unidade, a energia se movimenta para assumir a individualidade, mantendo a percepção da unidade que "Eu Sou" com a Fonte de Energia que deu origem a mim.

A consciência desta ligação nos libera da insegurança, do medo e da preocupação. Cria movimento em nossas vidas, ajuda a impulsionar ideias e a alcançar objetivos.

Este centro de energia pode ajudar a:

→ liberar qualquer tipo de estagnação mental, emocional ou física;
→ ter coragem para gerar mudanças na vida;
→ iniciar novos projetos;
→ sair de relacionamentos pessoais ou profissionais não saudáveis;
→ ter estabilidade, concentração e foco;
→ nos reestruturarmos quando nos sentimos sem rumo, perdidos;
→ organizar as emoções;
→ aliviar o *stress*;
→ coordenar pensamento e ação;
→ sentirmo-nos seguros, ancorados, realizados e autoconfiantes;
→ ampliar os horizontes, clarear a mente;
→ harmonizar o corpo da cabeça aos pés.

Pode ajudar nos projetos de:

→ desconfortos ou dores de cabeça, enxaqueca;

→ sinusite;

→ dor de dente;

→ garganta;

→ coração;

→ respiração e pulmões;

→ seios;

→ aparelho digestivo, gastrointestinal e qualquer desconforto abdominal como inchaço e intumescência;

→ joelhos.

Palavras de referência: unidade, movimento, expiração.

Localização: lateral interna dos joelhos.

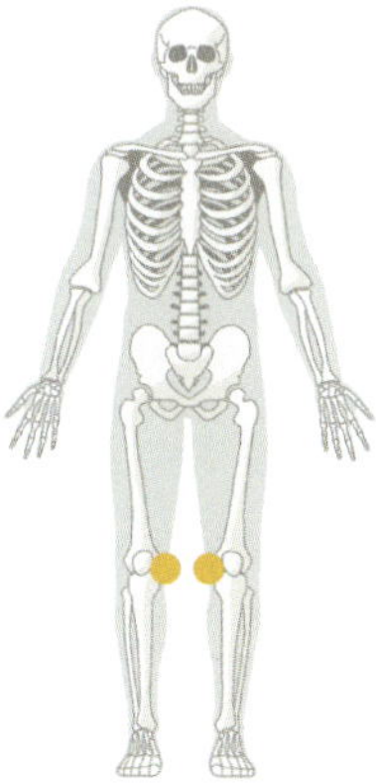

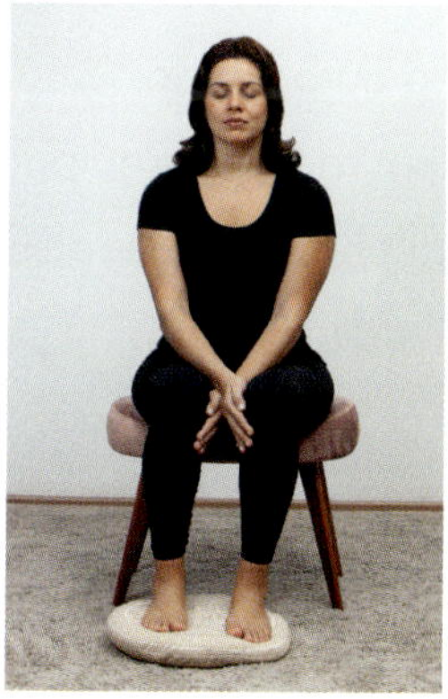

Prática

Coloque as mãos na lateral interna dos joelhos, cruzadas ou paralelas, da forma mais confortável.

Você também pode harmonizar KI TEN 1 a qualquer momento envolvendo seu dedo polegar.

KI TEN 2

Força de vida para todas as criaturas

Vibra as qualidades de Júpiter, trazendo a expansão dos horizontes, alegria, ânimo, entusiasmo, força, vitalidade e regeneração. Compreende as polaridades opostas como forças complementares, vivendo a dualidade com equilíbrio, discernimento e sensatez.

Amplia nossa capacidade de enxergar a vida por todos os ângulos, nos permitindo sair de uma perspectiva limitada, de um ponto de vista fechado, para olhar o mundo de forma mais ampla.

Traz a sabedoria de viver neste mundo dual, experimentando os opostos complementares, não nos prendendo a um só aspecto.

Este centro de energia pode ajudar a:

→ nos abrirmos para receber a abundância do Universo;
→ fortalecer a autoestima;
→ eliminar sentimento de culpa;
→ harmonizar conflitos e indecisão;
→ eliminar o tédio;
→ encontrar propósito na vida;
→ trazer clareza, *insight*;
→ aumentar a consciência e a percepção;
→ ampliar a visão em todos os sentidos;
→ liberar os julgamentos, aceitando as pessoas como elas são.

Pode ajudar nos projetos de:

→ visão;
→ respiração;
→ digestão;

→ alinhamento ósseo do corpo, dores ou necessidades de ajustes esqueléticos no quadril e na coluna;
→ dores ou qualquer tipo de enrijecimento nas costas;
→ tensão, *stress*, desconfortos e dores nas pernas;
→ pernas fracas ou trêmulas, varizes;
→ pressão sanguínea.

Palavras de referência: vitalidade, sabedoria, equilíbrio esquelético.

Localização: alto do quadril nas costas.

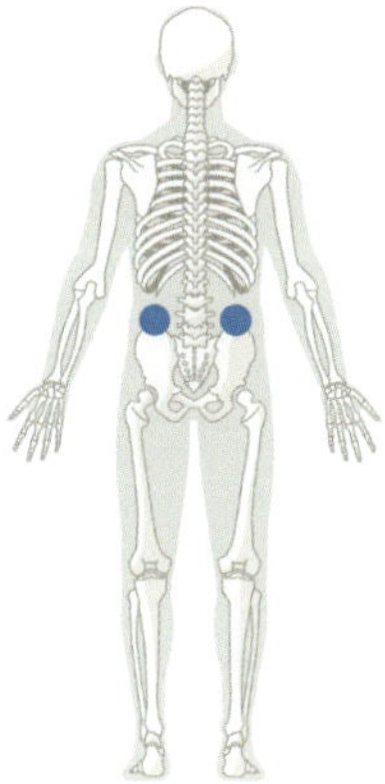

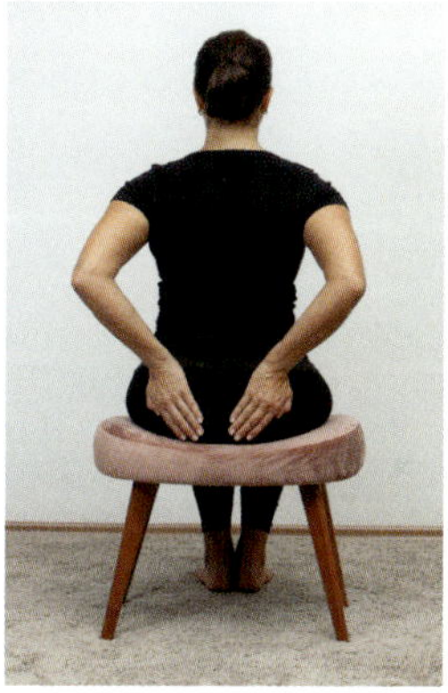

Prática

Coloque as mãos no alto do quadril nas costas.

Você também pode harmonizar KI TEN 2 a qualquer momento envolvendo seu dedo anular.

KI TEN 3

A porta

Vibra as qualidades de Vênus, trazendo a apreciação da vida através da beleza e da harmonia.

Especialista da imunidade, regula limites saudáveis na interação com o mundo e nos defende contra qualquer invasão, seja ela de origem física, mental, emocional ou espiritual.

Este centro de energia pode ajudar a:

- → descarregar a tensão física e mental;
- → respirar amplamente para receber energia purificada;
- → manter as emoções em equilíbrio;
- → diminuir a ansiedade e a agitação;
- → trazer equilíbrio entre a expiração e a inspiração, o doar e o receber;
- → harmonizar os relacionamentos.

Pode ajudar nos projetos de:

- → respiração;
- → sistema linfático;
- → sistema imunológico;
- → doenças contagiosas;
- → doenças causadas por vírus, fungos ou bactérias;
- → infecção, gripe, tosse, asma, bronquite, pneumonia, enfisema;
- → febre, dor de garganta;
- → câncer;
- → doenças autoimunes;
- → dores nos ombros, braços, cotovelos, pulsos, dedos;
- → tendinite;

→ síndromes de Parkinson e Tourette;

→ espasmos, tremor, gagueira, tiques;

→ insônia ou excesso de sono.

Palavras de referência: respiração, imunidade, membros superiores.

Localização: entre o topo da escápula e a coluna.

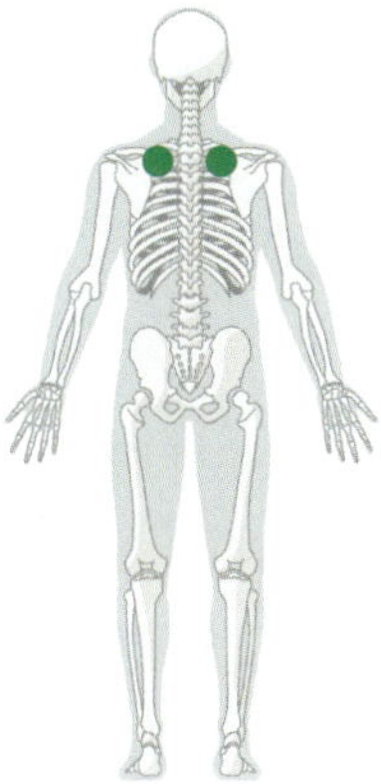

Prática

Lado esquerdo

Coloque a mão direita sobre o ombro esquerdo (entre o topo da escápula e a coluna) e coloque a mão esquerda na virilha esquerda (na KI TEN 15).

Lado direito

Inverta a posição das mãos

Você também pode harmonizar KI TEN 3 a qualquer momento envolvendo seu dedo médio.

KI TEN 4

A janela

Vibra as qualidades de Marte, trazendo o princípio da manifestação, permitindo a materialização da força da vida, fazendo a ponte entre o mundo espiritual e o mundo manifesto.

Especialista da consciência, é conhecida como "a janela da alma", permitindo que nosso ser seja inundado por ar e luz revitalizadores.

É fundamental para a saúde da visão, não só no que diz respeito à acuidade visual, mas também à capacidade de olhar para a vida através de uma janela límpida, sem sombras, sem véus, sem enganos, com uma visão clara.

Purifica os pensamentos e a mente e é um importante auxiliar na concretização de nossos sonhos, propósitos e metas.

Este centro de energia pode ajudar a:

→ harmonizar a respiração, purificando, regenerando e oxigenando cada célula do Ser;

→ gerenciar e distribuir a energia da Fonte, segundo a necessidade de cada parte e função do corpo;

→ estabelecer prioridades;

→ ter pensamentos claros;

→ trazer praticidade e organização para vida;

→ aumentar a percepção consciente que temos de nós mesmos.

Pode ajudar projetos de:

→ perda de consciência;

→ pensamentos excessivos ou desordenados;

- falta de clareza mental, desde uma leve confusão até doenças degenerativas da mente;
- insônia ou excesso de sono;
- capacidade de aprendizagem, dislexia;
- hiperatividade, déficit de atenção, autismo;
- *stress* mental e emocional;
- desconfortos ou dores de cabeça, tontura;
- coração e ritmo cardíaco;
- respiração e pulmões;
- sistema motor, mais especificamente mobilidade de braços e pernas;
- olhos e ouvidos;
- amígdala, garganta e tireoide.

Palavras de referência: consciência, manifestação, equilíbrio emocional.

Localização: na base do crânio.

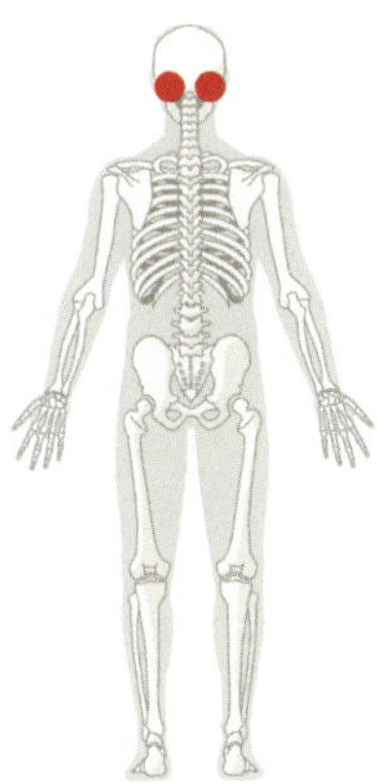

Prática

Coloque as mãos na base do crânio.

OU

Esta forma de fazer o fluxo é especialmente boa para a visão, ajuda o olho do lado contrário a KI TEN 4.

Para o olho esquerdo:

Coloque a mão esquerda sobre a base do crânio direita e coloque a mão direita no osso da bochecha esquerda.

Para o olho direito, inverter a posição das mãos.

Você também pode harmonizar KI TEN 4 a qualquer momento envolvendo seu dedo anular.

KI TEN 5

Regeneração

Vibra as qualidades de Mercúrio, fazendo a comunicação entre o sagrado e o terreno, a união entre espírito e matéria, define o ser humano.

Nossos medos são originados da falta de consciência da nossa ligação com a Fonte. Quando nos mantemos conscientes de que nossa real natureza é a Luz, somos liberados de todas as amarras e medos.

KI TEN 5 é considerada a especialista da mente e a mantém clara e lúcida.

Nos convida a honrar nossa história, abandonar velhos hábitos, mudar de rota e abrir-nos para o novo, para que possamos experimentar seu atributo principal: a regeneração.

Este centro de energia pode ajudar a:

→ dissolver medos e superar limitações;
→ superar complexo de inferioridade ou introversão;
→ compreender que a vida é uma experiência espiritual incorporada na matéria;
→ liberar do passado, para experimentar o novo;
→ regenerar os corpos mental e emocional;
→ vitalizar e regenerar os tecidos do corpo;
→ administrar bem o tempo;
→ trazer tranquilidade para o sono agitado.

Pode ajudar nos projetos de:

→ desconforto auditivo, zumbido;

→ boca e garganta secas;

→ tireoide;

→ ombros;

→ congestão peitoral, asma;

→ distúrbios digestivos;

→ tensão ou *stress* nas costas e no quadril;

→ sistema reprodutivo, útero, ovários, próstata;

→ dor ou distúrbios na menstruação;

→ incontinência urinária;

→ inchaço nos calcanhares.

Palavras de referência: libertação de todas as amarras e medos.

Localização: na lateral interna do calcanhar/tornozelo.

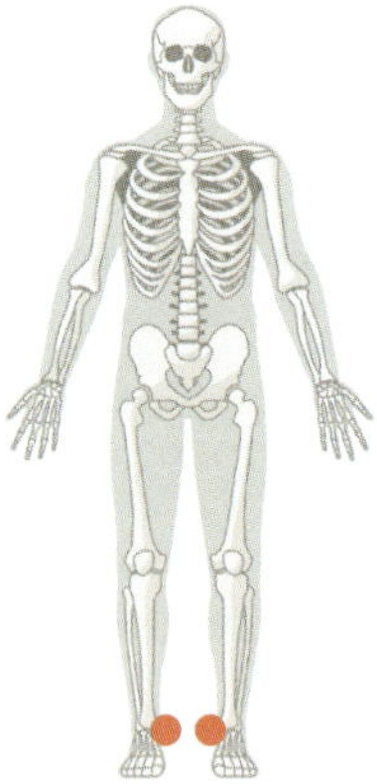

Prática

Coloque as mãos nas laterais internas dos calcanhares/tornozelos.

OU

Lado direito

Coloque a mão direita na lateral interna do calcanhar/tornozelo direito e coloque a mão esquerda na virilha esquerda (KI TEN 15).

Para o lado esquerdo, inverter a posição das mãos.

Você também pode harmonizar KI TEN 5 a qualquer momento envolvendo seu dedo indicador.

KI TEN 6

Equilíbrio

Vibra as qualidades de Vênus com seus valores e ideais nobres, trazendo a conciliação no lugar do conflito. Ajuda-nos a viver em harmonia e equilíbrio.

Mestra do discernimento, traz estabilidade, equilíbrio mental, emocional e habilidade para mantermos relacionamentos saudáveis e nutridores.

Este centro de energia pode ajudar a:

→ experimentar o equilíbrio entre dar e receber;
→ discernir entre o que é bom ou não para mim;
→ saber quando dizer sim e quando dizer não;
→ ter bom-senso.

Pode ajudar nos projetos de:

→ equilíbrio da química do sangue, dos hormônios e dos fluidos corporais;
→ harmonia entre os hemisférios cerebrais direito e esquerdo;
→ alinhamento corporal e manutenção do equilíbrio físico;
→ tontura;
→ ouvido, zumbido;
→ labirintite, vertigem postural benigna;
→ sistema respiratório, pulmão;
→ clavícula, ombros, braços, mãos, dedos;
→ ombro congelado;
→ dores no quadril e nas costas;
→ desconfortos digestivos;
→ arco alto do pé ou pé chato ou dedos dos pés retorcidos.

Palavras de referência: equilíbrio, discernimento.

Localização: no arco/sola do pé.

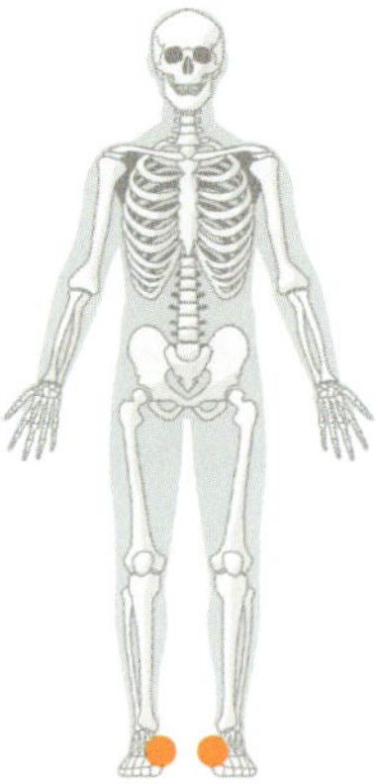

Prática

Coloque as mãos nos arcos/solas dos pés.

OU

Lado esquerdo

Coloque a mão direita no arco do pé esquerdo e coloque a mão esquerda na virilha esquerda (KI TEN 15).

Lado direito

Coloque a mão esquerda no arco do pé direito e coloque a mão direita na virilha direita (KI TEN 15).

Você também pode harmonizar KI TEN 6 a qualquer momento envolvendo seu dedo médio.

KI TEN 7

Vitória

Vibra as qualidades do signo de Câncer, protegendo e nutrindo todos os aspectos do nosso Ser. Relembra-nos que somos criações perfeitas, espíritos completamente realizados na matéria.

No intervalo entre a expiração e a inspiração, todas as infinitas possibilidades ainda não materializadas estão presentes. É durante esta pausa entre expirar e inspirar que a harmonização vai ocorrer, e a inspiração vai nutrir o corpo.

Este centro de energia pode ajudar a:

→ ter mais concentração e foco;
→ trazer realização e sentimento de vitória;
→ efetivar a materialização e a realização de nossos objetivos;
→ livrarmo-nos da sensação de derrota;
→ meditar;
→ ser uma pessoa desperta, responsável, consciente;
→ desenvolvermo-nos espiritualmente;
→ desanuviar a mente e ter clareza mental.

Pode ajudar nos projetos de:

→ cérebro;
→ glândulas pineal e pituitária;
→ hormônios;
→ dores de cabeça, convulsões, náuseas e tontura;
→ crises de ausência;
→ pessoas que ficam fora de si;
→ crises de birra nas crianças;
→ congestão no peito;

- crise de asma;
- desconfortos digestivos;
- tensão nos quadris e nas costas;
- padrões de sono, dificuldade para dormir.

Palavras de referência: luz, espiritualidade, autenticidade.

Localização: na sola/topo do dedão do pé.

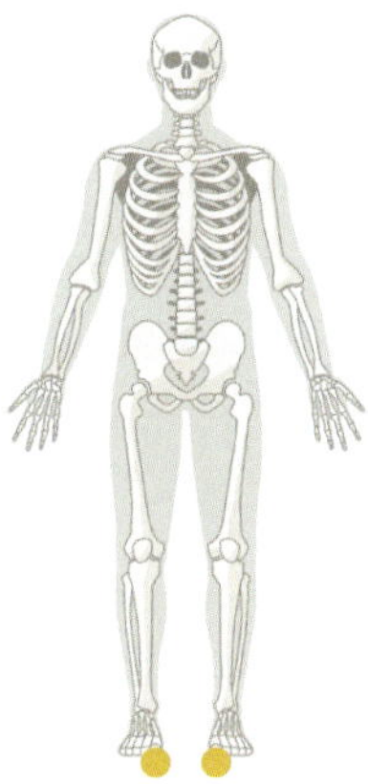

Prática

Coloque as mãos nas solas/topos dos dedões do pé.

OU

Coloque as mãos sobre as virilhas, nas KI TEN 15.

Você também pode harmonizar KI TEN 7 a qualquer momento envolvendo seu dedo anular.

KI TEN 8

Ritmo, força, paz para nossas vidas

Vibra as qualidades de Mercúrio, mostrando que o que está acima, está também abaixo. O que está no espírito está na matéria.

Ajuda a manter o equilíbrio entre os corpos material e espiritual do ser humano. É o símbolo divino da vitalidade, o infinito, sempre em ação.

A mensagem é: seja este espírito que você É, vivendo na forma física.

Este centro de energia pode ajudar a:

→ manter sintonia com o ritmo, a força e a paz do universo;
→ permitir que a energia espiritual adentre a minha vida;
→ perceber a mística e a magia das mudanças rítmicas da vida;
→ encontrar paz e segurança.

Pode ajudar nos projetos de:

→ acidente vascular cerebral;
→ temperatura corporal (8 direito aquece, 8 esquerdo esfria);
→ ombros, peito e costas;
→ asma;
→ sistema muscular;
→ aparelho reprodutivo;
→ rins;
→ tensão na pélvis, quadril e área sacrococcígea;
→ auxílio ao parto;
→ funções de eliminação, funções retais, cólon;
→ hemorroidas, desordens no ânus;
→ 8 direito ajuda na diarreia e 8 esquerdo ajuda na constipação.

Palavras de referência: saúde da pelve, equilíbrio muscular.

Localização: no topo da fíbula, parte lateral da perna atrás do joelho.

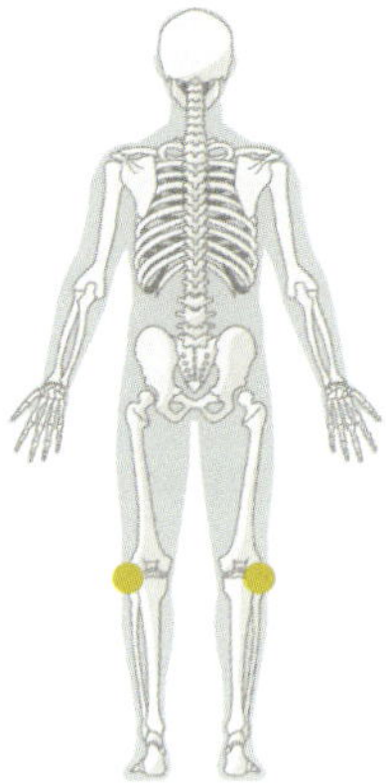

Prática

Coloque as mãos no topo das fíbulas, parte lateral das pernas atrás dos joelhos.

Você também pode harmonizar KI TEN 8 a qualquer momento envolvendo seu dedo indicador.

KI TEN 9

Final de ciclos

Energia todo-inclusiva, abrange a vibração de todos os planetas. Prepara-nos para os finais de ciclos, dando-nos a compreensão de que o fim de um ciclo é sempre o início de outro.

Quase todos temos tendência a nos apegarmos não somente às nossas experiências preciosas, mas também às lembranças de situações em que nem tudo saiu tão bem. O 9 nos ajuda a soltar, a deixar de alimentar, com nossa mente, uma situação que já está no passado.

Traz realização, preenchimento e finalização, clareza sobre quais situações da vida devemos manter e do que seria melhor abrir mão.

Este centro de energia pode ajudar a:

→ promover a filantropia e comportamento benevolente;
→ deixar o passado, abrir espaço para o novo;
→ completar ciclos;
→ trazer desapego, discernimento, sabedoria, bom-senso;
→ parar de alimentar árvores inférteis;
→ liberar a tristeza;
→ preservar as memórias sem a carga emocional negativa;
→ liberar o passado e continuar fluindo com a vida;
→ liberar traumas;
→ completar uma ideia e manifestá-la;
→ recuperar a memória.

Pode ajudar nos projetos de:

→ seios da face, rinite;
→ pulmão, respiração, asma, bronquite, enfisema;

- dor de estômago, indigestão;
- fígado, baço, pâncreas;
- peito, costas, quadril;
- ombro, braço, pulso, perna, torção de tornozelo;
- distúrbios nos pés;
- tumores, cistos, cálculos;
- cicatrizes, físicas e emocionais;
- doenças progressivas, doenças crônicas;
- excesso de muco;
- pressão sanguínea.

Palavras de referência: desapego, liberação da tristeza.

Localização: entre a parte inferior da escápula e a coluna vertebral.

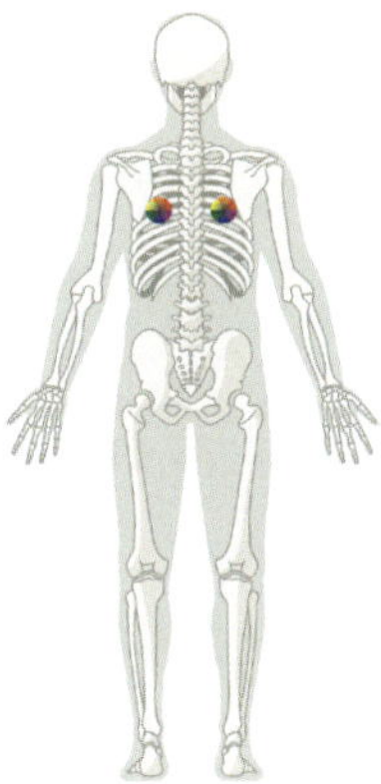

Prática

Coloque as mãos do lado interno dos cotovelos, na direção dos polegares (KI TEN 19).

Você também pode harmonizar KI TEN 9 a qualquer momento envolvendo seu dedo polegar.

Dona Margarida percebeu que suas pernas estavam ficando deformadas, consultou o médico e foi diagnosticada com uma doença óssea, lenta, mas progressiva, que em alguns anos poderia impossibilitá-la de caminhar.

Nos 3 anos seguintes, vários ossos foram afetados em seus braços, crânio e quadril.

As áreas afetadas estavam permanentemente quentes e dolorosas e, apesar da medicação, a doença evoluía mais rapidamente que o normal, e o prognóstico, por ser uma doença sem cura conhecida, era ruim.

Foi neste ponto que nos conhecemos. Trabalhamos de 2 a 3 vezes por semana no consultório.

A KI TEN 9 e seu atributo de deter doenças degenerativas era um dos carros-chefes do trabalho.

Dona Margarida era, também, muito dedicada à sua autoaplicação, que fazia diligentemente todos os dias.

Na cintilografia do ano seguinte, nenhum novo osso havia apresentado sinais da doença e os já afetados não tinham piorado.

Este quadro se mantém até hoje, passados mais de 15 anos.

Hoje em dia, vemo-nos esporadicamente.

Ela continua com a autoaplicação e tem uma vida normal, totalmente autônoma.

Os ossos afetados nos 3 primeiros anos da doença continuam deformados, mas não são mais quentes, nem doem mais.

KI TEN 10

Armazém da abundância

Veículo para o transbordante e ilimitado poder de vida. Vibra as qualidades de Júpiter, trazendo a consciência de que não existe escassez, todos podemos ter abundância em qualquer área da nossa vida.

É um grande auxiliar do sistema respiratório.

Este centro de energia pode ajudar a:

- → revelar nosso brilho, luz e valor;
- → receber abundância em nossa vida;
- → ser grato pelo que temos, ao invés de focar a escassez;
- → dar valor à vida, gerar beleza e compaixão;
- → ter relacionamentos nutridores;
- → expandir o amor no coração, permitindo que as emoções fluam;
- → liberar cargas muito grandes de emoções retidas;
- → trazer vitalidade;
- → aliviar *stress*, cansaço, fadiga;
- → resolver questões com bens materiais.

Pode ajudar nos projetos de:

- → parte superior das costas, peito, pescoço e ombros;
- → coração, sistema cardiovascular, pressão arterial;
- → pulmão, alergias respiratórias;
- → hormônios;
- → rouquidão, pregas vocais;
- → distúrbios de fala, gagueira;
- → laringe e esôfago;

→ intestinos, síndrome de intestino irritado, diverticulite, colite;
→ quadril e joelho (lado oposto);
→ níveis de açúcar no sangue, diabetes, hipoglicemia;
→ articulações, artroses;
→ desordens de movimento, tremores;
→ paralisia cerebral;
→ mal de Parkinson;
→ rótulos hereditários;
→ autismo, síndrome de Down.

Palavras de referência: vitalidade, respiração, coração.

Localização: entre a parte medial da escápula e a coluna vertebral.

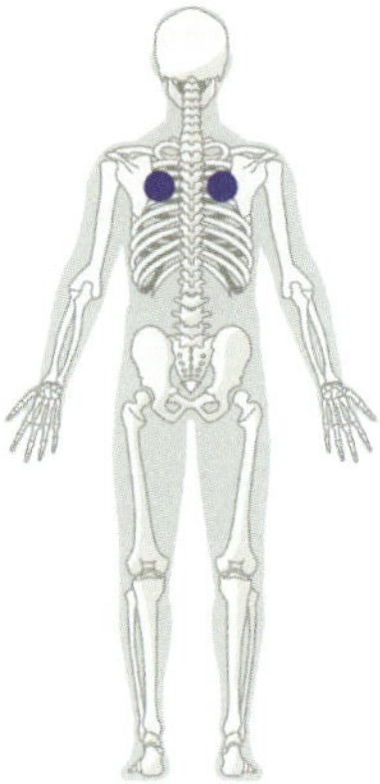

Prática

Coloque as mãos do lado interno dos bíceps, na direção dos polegares (KI TEN 19 alta).

Você também pode harmonizar KI TEN 10 a qualquer momento envolvendo seu dedo indicador.

KI TEN 11

Descarregar o excesso de bagagem

Vibra as qualidades do signo de Libra, trazendo justiça para nossa vida.

As KI TEN 11 nos ajudam a soltar as cargas que acumulamos ao longo da vida, além de ajudar a perceber que não é necessário assumirmos responsabilidades que não são nossas. Nosso caminhar na terra torna-se mais fácil e alegre se relaxamos os ombros.

Libera o excesso de peso físico e mental e nos torna capazes de tomar decisões com mais segurança e clareza. Traz a percepção de que somos uma emanação da Fonte Perfeita que nos originou.

Este centro de energia pode ajudar a:

→ expressar nossa luz pessoal;
→ liberar os fardos do passado e as projeções de fardos futuros;
→ distinguir e assumir o que é nossa responsabilidade, liberando as sobrecargas do que não cabe a nós resolver;
→ livrarmo-nos da indecisão;
→ promover sinceridade, lealdade e justiça para mim mesmo e nas minhas relações;
→ confiar e ser digno de confiança;
→ harmonizar todos os outros centros de energia do corpo.

Pode ajudar nos projetos de:

→ imunidade;
→ circulação sanguínea;
→ pressão arterial;
→ respiração;

- → digestão;
- → dores de cabeça;
- → pescoço (torcicolo);
- → tireoide;
- → distúrbios hormonais;
- → ombros, braços, cotovelos, pulsos, mãos e dedos;
- → quadris e pernas, dores de ciático;
- → distúrbios intestinais;
- → aparelho reprodutor.

Palavras de referência: eliminação, justiça, equilíbrio, saúde do corpo físico.

Localização: na junção entre o ombro e o pescoço.

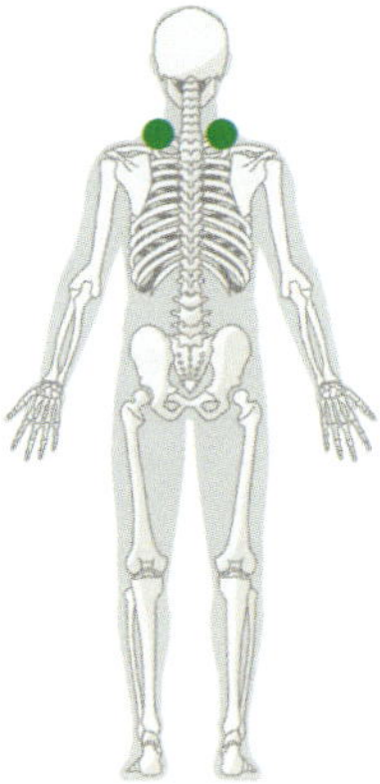

Prática

Lado esquerdo

Coloque a mão direita na junção entre o ombro e o pescoço do lado esquerdo e faça um anel colocando a palma do dedo polegar esquerdo sobre a unha do dedo anular esquerdo.

Para o lado direito, inverter a posição das mãos.

Você também pode harmonizar KI TEN 11 a qualquer momento envolvendo seu dedo indicador.

"Seja os ombros soltos e sorria".

Mary Burmeister

KI TEN 12

Submissão da consciência pessoal à orientação da Mente Universal

Vibra as qualidades do signo de Peixes, ajudando a realinhar a própria vontade com a Vontade Cósmica.

As KI TEN 12 têm como atributo a aceitação, trazem consolo e compreensão de que as coisas são como são, e não como gostaríamos que fossem.

Mesmo que nosso ego diga que uma situação deveria ser diferente, o Divino que há em nós nos ajuda a aceitar e a experimentar a realidade da forma como se apresenta.

Este centro de energia pode ajudar a:

→ aceitar que existe algo maior que atua na minha vida e ser capaz de ouvir e aceitar, independente do meu desejo pessoal;
→ perceber que existe um aspecto espiritual em todas as coisas e transcender a visão mundana limitada;
→ apreciar a vida e fluir com o que quer que esteja acontecendo;
→ ser flexível e resiliente;
→ eliminar a frustração, raiva, teimosia, atitudes agressivas e destrutivas;
→ harmonizar temperamentos controladores;
→ prevenir acidente vascular cerebral.

Pode ajudar nos projetos de:

→ visão;
→ tensão no pescoço, nas costas e nos braços;
→ digestão de alimentos e pensamentos;

- intoxicações, inclusive medicamentosas (remédios, anestesias);
- fígado e vesícula;
- nervo ciático;
- química do sangue;
- articulações.

12 especial (mais próximo ao lóbulo da orelha):
- soluço;
- paralisia facial;
- rugas.

Palavras de referência: aceitação, consolo, liberação do controle.

Localização: parte de trás do pescoço.

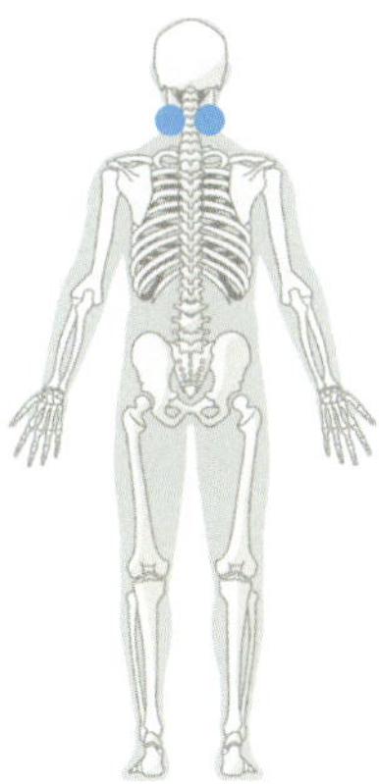

Prática

Coloque as mãos na parte de trás do pescoço.

Você também pode harmonizar KI TEN 12 a qualquer momento envolvendo seu dedo médio.

KI TEN 13

Fertilidade

Vibra as qualidades de Escorpião, conectando as pessoas com a potência criadora e capacitando-as a serem cocriadoras da própria realidade.

Diretamente ligada à energia espiritual, KI TEN 13 ensina os princípios do amor, da aceitação e do perdão ao outro, e a si mesmo, liberando a culpa e restabelecendo a autoestima. Na medida em que abraçamos, integramos e aceitamos a nossa parte sombria, liberamos muita energia e nos tornamos potentes e férteis.

Esta KI TEN de cura emocional é conhecida como a Fonte da Juventude. Nutrindo nossa criança interior recobramos o entusiasmo pela vida.

Este centro de energia pode ajudar a:

→ conectar e sustentar nossa relação com a Fonte, permitindo que Ela nos preencha com sua luz e inspiração;
→ trabalhar a espiritualidade, a consciência, o poder pessoal;
→ manifestar nosso potencial máximo;
→ aumentar a criatividade;
→ transformar a autoimagem e a imagem que temos da vida e do mundo, transformando consequentemente nossa experiência nele;
→ melhorar a autoestima;

- → dissolver mágoas e ressentimentos;
- → curar feridas da infância, amarguras e traumas profundos;
- → expirar o sofrimento e liberar o *stress* mental e emocional;
- → liberar a culpa e as emoções cristalizadas;
- → sair da depressão;
- → superar vícios;
- → restaurar o entusiasmo e a alegria pela vida;
- → ter espontaneidade, autenticidade, espírito jovial, rejuvenescer;
- → amadurecer adultos com comportamento infantil.

Pode ajudar nos projetos de:

- → coração;
- → tensão nos ombros, no pescoço;
- → distúrbios de tireoide;
- → congestão peitoral;
- → dificuldades com a sexualidade;
- → puberdade e menopausa;
- → fertilidade;
- → aparelho reprodutor, gravidez, parto, pós-gestação;
- → crianças;
- → pessoas muito idosas;
- → rótulos amedrontadores — doenças graves, pacientes terminais;
- → sistema imunológico;
- → apetite: anorexia, bulimia, compulsão alimentar.

Palavras de referência: perdão, potência criativa, jovialidade.

Localização: no peito, na altura da 3ª costela.

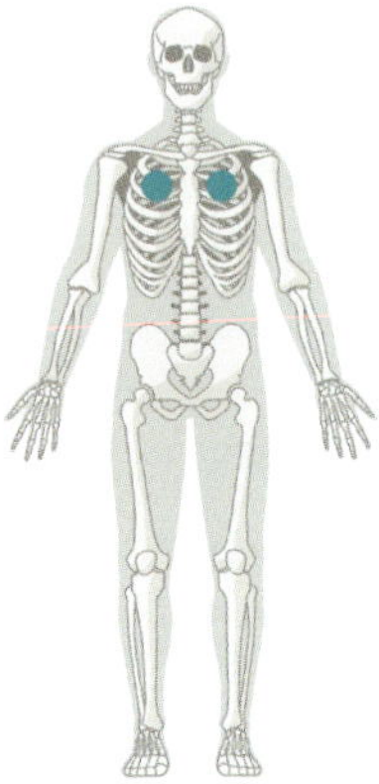

Prática

Coloque as mãos no peito, na altura da 3ª costela.

Você também pode harmonizar KI TEN 13 a qualquer momento envolvendo seu dedo médio.

Logo no início da minha carreira, fui procurada por Juliana para ajudá-la com um projeto de fertilidade. Após tentar engravidar espontaneamente sem sucesso, ela iria fazer uma fertilização *in vitro*.

Trabalhamos por algumas semanas, vários dias por semana.

O ano era 2002 e no dia 12 de outubro, Dia das Crianças, Juliana chegou à minha casa com a notícia de que havia engravidado.

Foi uma grande alegria, seguida de um grande temor: os 4 embriões se implantaram com sucesso e agora ela tinha uma gravidez de risco. Era possível que nem todos os embriões resistissem, o que poderia de fato colocar em risco toda a gravidez.

Continuamos com o trabalho intenso. Os meses foram passando, todos os bebês mantinham-se estáveis e, então, chegamos ao ponto de nos preocupar com quão prematuros eles nasceriam, já que a prematuridade é o esperado em uma gravidez deste tipo.

No início de maio, já no sétimo mês de gravidez, Juliana foi internada, pois os bebês poderiam nascer a qualquer momento.

Eu ia vê-la todos os dias no hospital, até que um dia disse a ela que no dia seguinte eu viria para conhecer os bebês, o que de fato aconteceu.

Ela ficou curiosa para saber como eu sabia que seria aquele dia e a resposta foi simples.

Eu estava em um momento muito decisivo da minha carreira. Eu tinha uma carreira bem-sucedida como fonoaudióloga, mas estava cada vez mais apaixonada pelo Jin Shin Jyutsu e sentia que precisava dedicar mais tempo aos estudos para me aperfeiçoar.

Não era uma decisão fácil, eu gostava da minha carreira e ela era também meu meio de sustento.

Mas quando a gravidez de Juliana, contrariando todos os prognósticos, avançou pelo mês de maio, eu pedi aos bebês que fossem os portadores da resposta de que eu precisava.

Quatro lindas e saudáveis crianças, dois garotos e duas garotas, esperaram até o dia do meu aniversário para nascer, trazendo-me a confirmação do Universo de que sim, eu deveria me dedicar a estudar Jin Shin Jyutsu profundamente.

Os bebês se desenvolveram perfeitamente bem, são jovens adultos hoje.

KI TEN 14

Sustentação

Vibra as qualidades do signo Sagitário. O centauro, que vive com os pés na terra e a cabeça voltada aos céus, fala sobre a principal qualidade da KI TEN 14, que é ser o interlocutor entre o espírito em sua forma mais sutil e a experiência na manifestação.

Torna a mente limpa, tranquila, serena, a serviço de transmitir as mensagens do espírito para o corpo, fazendo esta transição de forma suave e fluida a fim de experimentar esse mundo da dualidade, da polaridade, da densidade da matéria, sem se desligar da Fonte.

Este centro de energia pode ajudar a:

→ manter e sustentar a vida no corpo;
→ integrar a experiência física e espiritual alcançando equilíbrio corpo/mente;
→ ter capacidade de prover o próprio sustento em todos os níveis;
→ diminuir a preocupação com os aspectos da sobrevivência em termos materiais;
→ parar de competir e comparar;
→ ter equilíbrio entre a parte superior e a inferior do corpo.

Pode ajudar nos projetos de:

→ visão;
→ *stress* mental;
→ cérebro;
→ prevenção de acidente vascular cerebral;
→ depressão, bipolaridade, esquizofrenia;
→ concentração e aprendizagem, autismo;
→ coração;

→ mamas;

→ respiração;

→ digestão de alimentos, pensamentos e experiências;

→ alergias alimentares, náuseas, gases;

→ metabolismo de açúcares, carboidratos, baço e pâncreas (14 E);

→ metabolismo de proteínas, fígado e vesícula (14 D);

→ articulações, artrite, artrose, bursite, reumatismo;

→ joelho;

→ quadril e coxas;

→ química do sangue;

→ insônia, sonambulismo, ronco, pesadelos;

→ bruxismo.

Palavras de referência: saúde mental.

Localização: na base das costelas na frente do corpo.

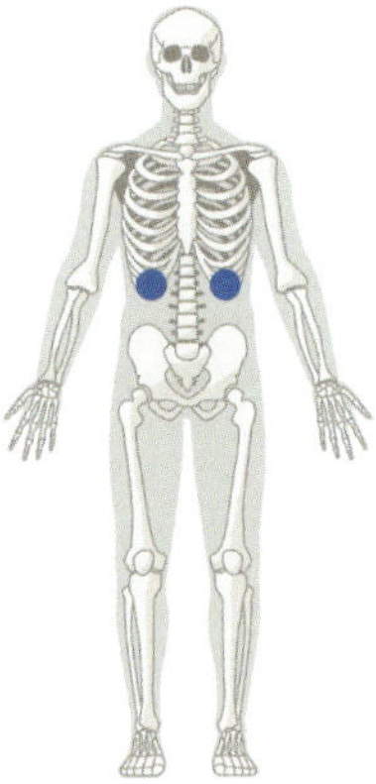

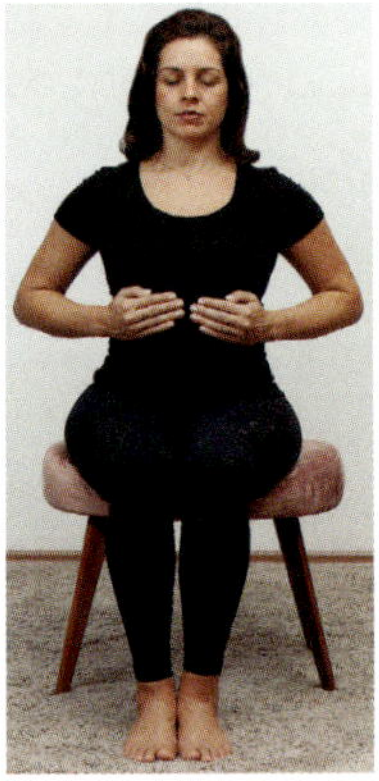

Prática

Coloque as mãos na base das costelas na frente do corpo.

Você também pode harmonizar KI TEN 14 a qualquer momento envolvendo seu dedo anular.

KI TEN 15

Lavar o coração com riso

Vibra as qualidades de Saturno ensinando que, com disciplina no autocuidado, pode-se alcançar uma vida plena e feliz.

KI TEN 15 têm como atributo a alegria, ensina a "lavar o coração com riso", ajudando a levar os problemas com mais leveza e a diminuir as tensões/*stress* da vida diária, tendo prazer com a experiência de viver no plano material.

Este centro de energia pode ajudar a:

→ celebrar a vida na Terra;
→ restaurar o riso, a alegria e a felicidade na vida;
→ esquecer as culpas e a dramaticidade;
→ limpar os complexos subconscientes;
→ eliminar a depressão;
→ trazer paz mental e segurança emocional.

Pode ajudar nos projetos de:

→ coração;
→ circulação;
→ pressão;
→ respiração;
→ qualquer projeto em qualquer parte do corpo físico;
→ perda de vitalidade, cansaço;
→ dor ou dormência em qualquer parte do corpo;
→ fraturas;
→ preparação para cirurgias e recuperação pós-cirúrgica do corpo;
→ pessoas *workaholics*;

- → coluna, dores nas costas, dor lombar;
- → dificuldades articulatórias;
- → dificuldades para endireitar o corpo, quando a pessoa tem dificuldades para sentar ou se colocar de pé;
- → osteoporose;
- → qualquer projeto no abdômen;
- → área pélvica, projetos reprodutivos, menstruação;
- → aparelho excretor;
- → quadril, joelho, pés frios, pernas e joelhos entumecidos;
- → sistema vascular, varizes.

Palavras de referência: corpo saudável, coração feliz.

Localização: no alto das coxas próximo à virilha.

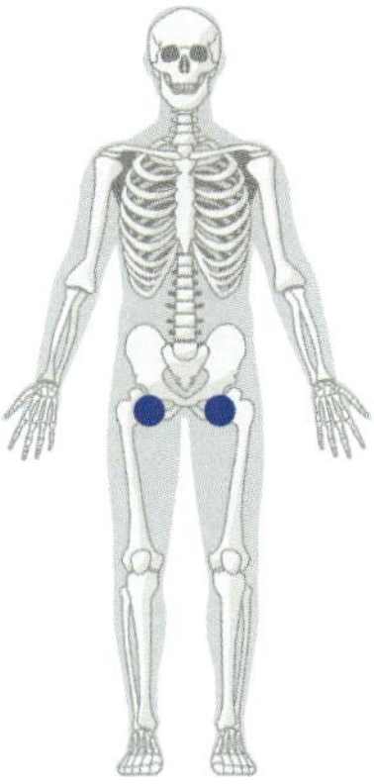

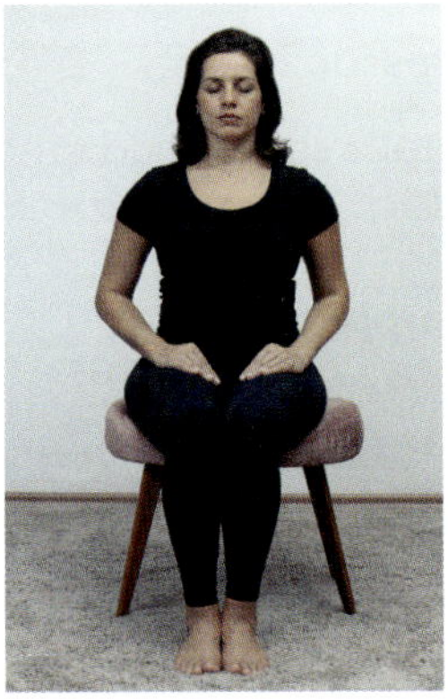

Prática

Coloque as mãos nas virilhas.

Você também pode harmonizar KI TEN 15 a qualquer momento envolvendo seu dedo mínimo.

Uma sandália de salto muito alto, um buraco na calçada, dois segundos de distração e lá estava eu, caída, com muita dor, segurando minha perna quebrada. Quebrei a fíbula bem junto ao tornozelo.

Foi uma fratura grave, com necessidade de cirurgia que fixaria, com uma placa e alguns pinos, uma parte do osso na outra.

O tipo de cirurgia e a placa escolhidos não me permitiriam andar por muitas semanas e me foi dito que, após este período, a recuperação demoraria mais de um ano e que, mesmo com muita fisioterapia, eu talvez perdesse parte dos movimentos no tornozelo.

Recebi sessões de Jin Shin Jyutsu por 40 dias seguidos, fiz muita autoaplicação, tomei meu remédio de fundo da homeopatia, usei recursos da medicina antroposófica e ayurvédica.

A sinergia entre todas estas linhas de cura permitiu que no 41º dia, após passar por consulta médica e exames para verificar o processo de consolidação do osso, eu estivesse de volta ao trabalho, sem as graves sequelas do prognóstico inicial.

KI TEN 16

Base de toda atividade humana

Vibra as qualidades de Marte, movimento, vigor, força, ação. Convida a ter coragem para desbravar territórios desconhecidos, ampliar a visão e ir mais longe, ultrapassar os limites. Representa o alicerce, a fundação, e ajuda a construir bases sólidas para a vida.

Quanto mais profundamente se está enraizado, mais impulso é recebido em direção ao alto. Quanto mais fundo se lança nas fundações, mais alto se consegue ir, mantendo-se firme, mas flexível.

Mary Burmeister diz que KI TEN 16 permite converter o medo em alegria, dando liberdade e possibilidades ilimitadas.

Este centro de energia pode ajudar a:

→ elevar-se espiritualmente;
→ trazer estabilidade em qualquer área da vida;
→ descobrir novos horizontes, oportunidades, aprender coisas novas;
→ ser causa, agente, autor, sujeito da ação na nossa vida;
→ deixar de ser passivo, vítima, quebrar confinamentos e limitações;
→ ter flexibilidade;
→ mudar padrões comportamentais e de pensamentos.

Pode ajudar nos projetos de:

→ manutenção e tratamento do sistema esquelético e musculatura do corpo, mantendo os músculos tonificados, firmes e flexíveis;
→ retirar o ácido láctico da musculatura;

- → aliviar tensões no pescoço e nas costas;
- → pálpebras inchadas;
- → tensão na articulação temporomandibular;
- → bruxismo;
- → dores de cabeça frontais, enxaquecas;
- → sequelas de acidente vascular cerebral;
- → remover cicatrizes físicas e emocionais, estrias, aderências;
- → órgão reprodutivo, alívio de cólicas, remoção de cistos;
- → vesícula biliar;
- → prolapsos;
- → bexiga caída;
- → artrite e rigidez corporal.

Palavra de referência: transformação com segurança.

Localização: na lateral externa dos calcanhares.

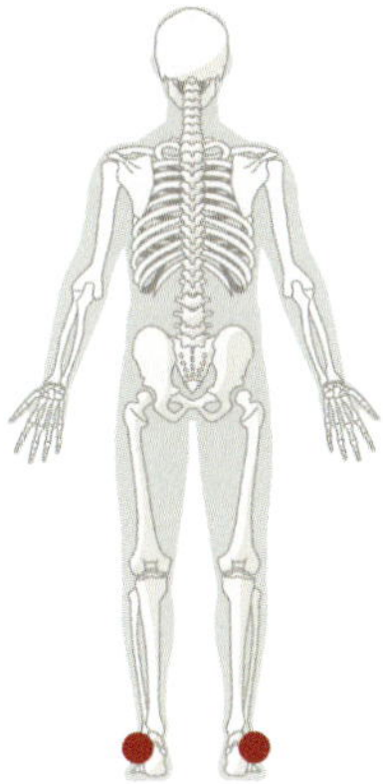

Prática

Coloque as mãos na lateral externa dos calcanhares.

Você também pode harmonizar KI TEN 16 a qualquer momento envolvendo seu dedo polegar.

KI TEN 17

Energia reprodutiva, relaxamento da mente e dos nervos

Vibra as qualidades do signo de Aquário, a luz transmutadora, purificadora, abrindo os portais da espiritualidade e intensificando a relação com a Fonte.

Depois de ter construído fortes bases para uma nova vida com a KI TEN 16, é preciso ouvir a intuição, alterar a forma de pensar, passar a se guiar a partir da sabedoria interior, da inteligência natural, do canal que já está aberto e que é possível acessar por meio dos atributos da KI TEN 17.

Este centro de energia pode ajudar a:

→ fortalecer a experiência espiritual;
→ abrir o coração para intuição;
→ trazer à tona a natureza intuitiva;
→ entrar em contato com o poder pessoal de transformação;
→ estar intimamente ligado à inteligência cósmica, podendo ver o quadro geral, não caindo na armadilha das pequenas coisas;
→ acalmar o sistema nervoso;
→ acalmar a mente e relaxar o corpo em crises de raiva e ataques de pânico;
→ trazer paz, animar e revitalizar;
→ aumentar a criatividade.

Pode ajudar nos projetos de:

→ desconfortos no coração, frequência cardíaca;
→ sistema cardiovascular;
→ tensão no pescoço, peito e costas;
→ respiração;

- intestino delgado;
- órgãos reprodutivos e mamas;
- tensão nos quadris;
- tensão pré-menstrual;
- aliviar projetos do tornozelo oposto;
- ansiedade;
- crises de pânico;
- danos cerebrais;
- desmaios, perda de consciência;
- cansaço;
- tremores.

Palavras de referência: intuição, aspirina do corpo.

Localização: na lateral do pulso na direção do dedo mínimo.

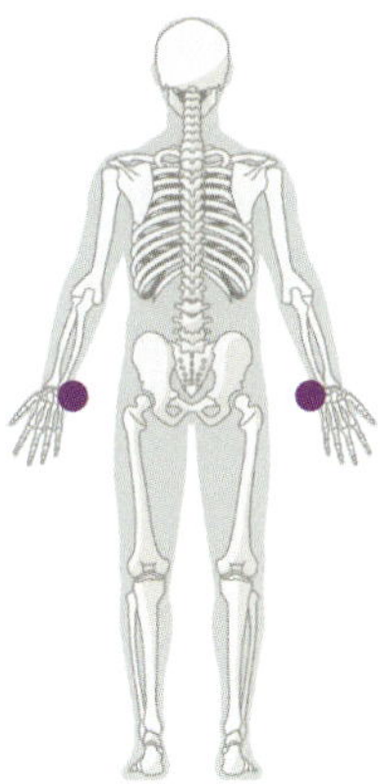

Prática

Coloque a mão na lateral do pulso oposto na direção do dedo mínimo.

Você também pode harmonizar KI TEN 17 a qualquer momento envolvendo seu dedo anular.

KI TEN 18

Consciência corporal

Vibra as qualidades de Júpiter nos guiando na expansão da consciência e responsabilidade para com as necessidades do corpo físico. Quando se adquire habilidade em ouvir e atender as necessidades do corpo, preserva-se a saúde.

Muitas pessoas esquecem de beber água porque não percebem que estão com sede, não se alimentam porque não têm tempo, não dormem porque há trabalho a fazer.

Quando alguém se aliena das necessidades corporais, acaba forçosamente prestando atenção neste aspecto através da doença e da dor.

Este centro de energia pode ajudar a:

→ acalmar a mente;
→ ter consciência do corpo e ouvir suas mensagens;
→ desenvolver a consciência corporal e integrar a personalidade à forma física;
→ auxiliar no tratamento de distúrbios de imagem corporal.

Pode ajudar nos projetos de:

→ autismo;
→ alterações no sono, insônia, sonolência durante o dia;
→ alterações na morfologia da caixa torácica;
→ congestão peitoral;
→ respiração;
→ desconfortos no abdômen;
→ tensões na parte de trás do corpo, *stress* nas costas;
→ dores de cabeça na nuca.

Palavra de referência: adequação entre corpo e mente.

Localização: na base do dedo polegar, junto ao pulso.

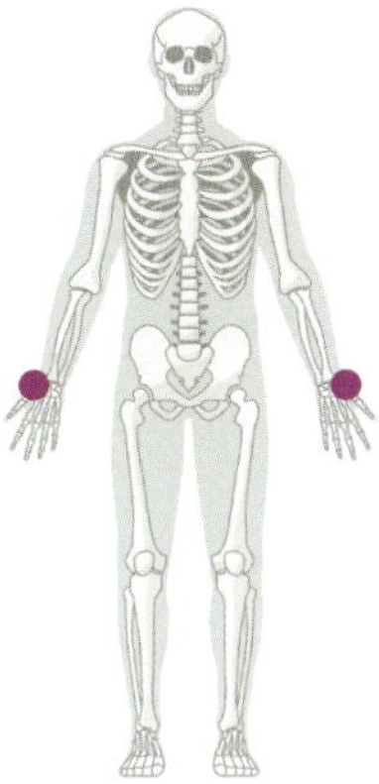

Prática

Coloque a mão na base do dedo polegar oposto.

Você também pode harmonizar KI TEN 18 a qualquer momento envolvendo seu dedo mínimo.

Neste momento, surge uma questão de importância vital que requer uma contemplação:

Qual é a fonte do nosso poder, ou da falta dele?
O ambiente de trabalho?
A posição social?
O lugar que ocupamos dentro da hierarquia da família?
As circunstâncias globais, políticas, sociais?
Nossa vida cotidiana, hábitos mentais, hábitos físicos, atitudes?

A identificação pessoal com as desarmonias externas ou internas tende a nos afastar da nossa real fonte de poder:

O Ponto,
que gerou A Luz,
que gerou A Matriz individualizada do meu Ser.

A Luz continua emanando sobre nós independentemente do que esteja acontecendo no planeta.

Quando percebemos que não dependemos do que é externo a nós, mas da qualidade da nossa ligação com a Força que nos criou e que nos mantém, começamos a entender a palavra "poder" de um ponto de vista diferente.

Poder é o que garante que possamos caminhar por essa vida seguindo os propósitos do nosso espírito.

Quando não estamos subjugados por nenhuma força externa ou interna é que podemos realmente expressar quem somos.

Gosto muito do texto "Comunhão com a Fonte",[1] que citei no início do capítulo que fala sobre a Trindade. O paralelo que ele nos permite fazer é muito claro.

---

[1] BERG, Michael. *Tornar-se como Deus: a Cabala e nosso destino final.* Rio de Janeiro: Rocco, 2007, p. 17.

Temos uma montanha linda, poderosa, forte, indestrutível, mas se algum pedaço dessa montanha for retirado dela e for posto à parte, passa a ficar submetido às forças temporais. Fazendo parte do grande bloco chamado montanha, a chuva e o sol não lhe podiam causar dano mas, quando uma pedra é retirada, ela corre o risco de parar em uma pedreira, ser triturada em milhares de pedacinhos e virar brita.

Algo que já fez parte de uma coisa muito poderosa e muito grande, quando separado, pode ser pulverizado. Nós fazemos parte dessa montanha muito grande que tem por nome Força Criadora.

Cada um de nós é uma partícula individualizada dessa força criadora. Quando estamos reunidos, religados e reconectados, fazemos parte da montanha. Quanto mais à parte estivermos, menos poderemos usufruir do poder, da proteção e da potência de sermos parte desse todo muito grande.

A KI TEN 19 nos coloca em contato direto com esse poder e com a capacidade de nos relacionarmos com as outras pessoas com justiça, igualdade, sem que um tente sobrepujar o outro.

Uma das máximas do Jin Shin Jyutsu é a não competição, a não comparação. Todos vieram do mesmo lugar, todos têm igual valor.

Não há dúvidas de que isso não se expressa na realidade do planeta. As relações de poder no mundo estão muito difíceis, muito doentes, muito equivocadas e, exatamente por isso que nós, como parte desse macrocosmo, precisamos fazer o máximo possível para curar essa questão dentro de nós. Porque quando encontramos esse espaço de poder resolvido e curado dentro de nós, abrimos uma janelinha dessa saúde no mundo.

Se cada um curar em si mesmo as relações de poder, se cada um plantar esta semente talvez, algum dia, nossos descendentes possam viver em um mundo melhor.

Se somos pessoas mais equilibradas, seremos pais mais equilibrados, teremos filhos mais equilibrados, que por sua vez criarão filhos mais equilibrados...

Assim, aos poucos, vamos conseguindo fazer uma cadeia virtuosa que pode impactar as relações de poder no mundo.

E, enquanto isso não acontece, podemos mudar pelo menos a qualidade da energia vibracional à nossa volta, como nos ensinou a Jorgete.

> Jorgete estava com gastrite, pressão alta e vários outros problemas de saúde e atribuía isso ao ambiente de trabalho tóxico. A chefe era, segundo sua visão, uma mulher dificílima que aterrorizava o setor em que ela trabalhava.
>
> Reclamou sobre isso com uma amiga, que conhecia Jin Shin Jyutsu e a ensinou a praticar a KI TEN 19.
>
> Jorgete praticava durante as duas horas diárias que passava no transporte público, assim como em cada minuto livre do seu dia. Três semanas depois, para sua surpresa, foi transferida para um setor da empresa cuja chefe era, segundo sua visão, um amor de pessoa.

É um movimento dinâmico que acontece naturalmente. É tão natural quanto mudar o *dial* do nosso rádio. Sempre vamos ouvir a música compatível com o estilo da rádio que sintonizamos.

Você tem sintonizado na canção que quer ouvir?

Não?

Não faz mal.

Pratique a KI TEN 19.

KI TEN 19

Autoridade, liderança, equilíbrio

Energia todo-inclusiva, possui a vibração de todos os planetas.

A KI TEN 19 coloca as pessoas no comando de suas vidas, ajuda a manifestar o poder e a autoridade com equilíbrio e gentileza, é responsável pelo "empoderamento pessoal".

Este centro de energia pode ajudar a:

→ promover poder pessoal;
→ harmonizar as questões de autoridade;
→ trazer capacidade de liderança em equilíbrio;
→ libertar-se das limitações, das sensações de insegurança, intimidação ou inferioridade;
→ ter habilidade de lidar com o coletivo e de se relacionar em grupo;
→ limpar a mente;
→ ter equilíbrio entre o físico e o mental;
→ auxiliar no tratamento de vícios em geral.

Pode ajudar nos projetos de:

→ olhos;
→ coração;
→ pulmão;
→ seios;
→ digestão;
→ tensão do braço e mão;
→ congestão do peito, pulmão e costas;
→ má-formação do cérebro, aneurismas, circulação na área do cérebro;

→ prevenção ou recuperação de derrame;

→ enurese noturna;

→ articulações;

→ bursite, artrite, reumatismo.

Palavras de referência: autoridade, jogo de cintura.

Localização: na lateral dos cotovelos na direção do dedo polegar.

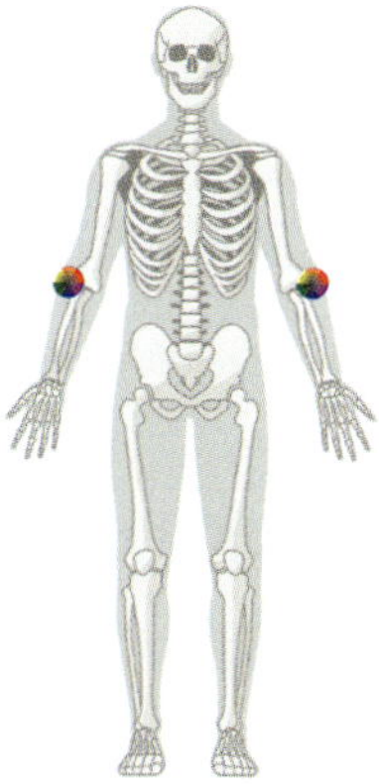

Prática

Coloque as mãos na lateral dos cotovelos na direção do dedo polegar.

Você também pode harmonizar KI TEN 19 a qualquer momento envolvendo seu dedo polegar.

KI TEN 20

Consciência Cósmica

Consciência da Eternidade — o que dura para sempre.

Vibra as qualidades de Plutão e dá, de forma segura, acesso a aspectos do Ser com os quais se têm pouco contato, trazendo à tona o potencial criativo. Restaura a memória sobre a origem das pessoas e seu propósito espiritual, seus dons, seus talentos e seus atributos únicos, ajudando a revelar a real vocação.

Traz a capacidade de olharmos a vida do ponto de vista da alma imortal, clareia a visão do que é eterno, do que é realmente relevante em cada momento da vida.

KI TEN 20 propicia o silêncio da mente, necessário para se entrar em contato com a compreensão da verdade universal.

Este centro de energia pode ajudar a:

- → lembrar seu propósito espiritual;
- → ver qual é o papel de cada um no Universo;
- → enxergar o que está além da vida cotidiana;
- → ver a realidade com novos olhos e perceber que cada momento da vida é um momento sagrado;
- → clarear a visão do que é eterno e do que realmente importa;
- → ter consciência da imortalidade;
- → silenciar o burburinho mental;
- → ampliar a terceira visão;
- → aguçar a atividade e a clareza mental, limpar a mente;
- → culminar todas as atividades mentais.

Pode ajudar nos projetos de:

→ química do cérebro;

→ capacidade de aprendizagem;

→ déficit intelectual;

→ memória, concentração;

→ senilidade e qualquer outra perda das faculdades mentais;

→ dores de cabeça, *stress* no cérebro;

→ olhos e ouvidos;

→ tontura;

→ vesícula;

→ função urinária.

Palavras de referência: relevância, culminação de todas as atividades mentais.

Localização: na parte frontal da testa de ambos os lados, junto à raiz do cabelo.

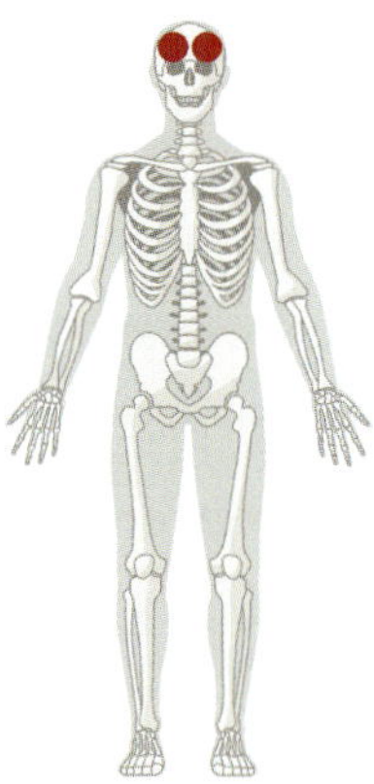

Prática

Coloque as mãos na parte frontal da testa de ambos os lados, junto à raiz do cabelo.

Você também pode harmonizar KI TEN 20 a qualquer momento envolvendo seu dedo mínimo.

KI TEN 21

Liberação das limitações mentais

Vibra as qualidades de Saturno trazendo profunda segurança, ensinando que, com disciplina, responsabilidade e constância, pode-se expandir os limites da mente, dissolver as crenças limitantes e encontrar novas formas de pensar e viver.

O mundo é definido pela mente, tudo o que se pensa pode acontecer. Pensamentos limitados geram a percepção de uma vida limitada. Mudando a forma de pensar, muda-se a experiência da realidade.

Este centro de energia pode ajudar a:

→ limpar a mente;
→ escapar das limitações mentais;
→ descarregar as preocupações;
→ digerir pensamentos;
→ digerir alimentos;
→ trazer estabilidade mental e confiança;
→ liberar os sistemas de crenças ultrapassados, preconceitos;
→ sair da inércia e da estagnação;
→ libertar do tédio e da preguiça;
→ administrar melhor a própria vida;
→ ordenar e organizar todos os aspectos da vida com praticidade, eficiência e produtividade;
→ ser mais responsável, ter autoconfiança e maturidade;
→ lidar melhor com situações desafiadoras.

Pode ajudar nos projetos de:

- → equilíbrio do apetite;
- → digestão, absorção e eliminação de alimentos e pensamentos;
- → tontura;
- → projetos no nariz e seios da face;
- → dor de dentes;
- → nevralgia facial;
- → cicatrização do rosto e corpo.

Palavras de referência: responsabilidade, liberdade.

Localização: na maçã do rosto, próximo ao nariz.

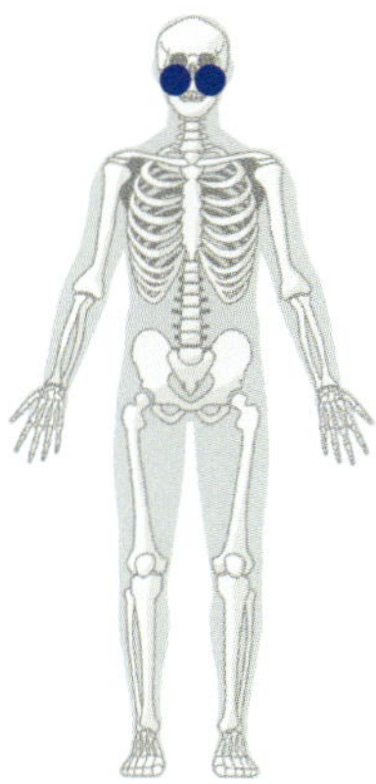

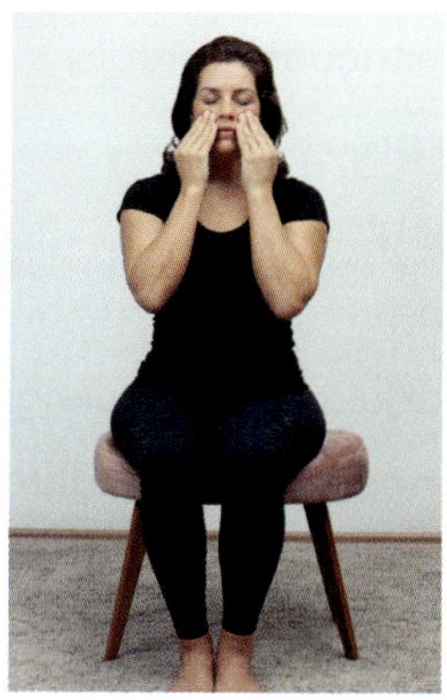

Prática

Coloque as mãos nas maçãs do rosto, próximo ao nariz.

Você também pode harmonizar KI TEN 21 a qualquer momento envolvendo seu dedo polegar.

KI TEN 22

Adaptação completa

Energia todo-inclusiva, engloba a vibração de todos os planetas. O Centro para onde todas as energias confluem, reúnem-se e depois se dispersam, continuando seu caminho.

Tem como atributo principal a resiliência, ajuda a desenvolver a capacidade de completa adaptação a situações de mudança sem que isso afete a forma original de ser.

Este centro de energia pode ajudar a:

→ desenvolver aceitação frente aos desafios da vida;
→ ser flexível e resiliente;
→ liberar fobias e medos;
→ sentir-se integrado e confortável onde quer que esteja;
→ adaptar-se a mudanças;
→ ter equilíbrio em épocas de transição na vida;
→ conviver com as diferenças;
→ pensar mais objetivamente, sem apegos emocionais;
→ evitar acidente vascular cerebral.

Pode ajudar nos projetos de:

→ tensão mental, emocional, digestiva e física;
→ insatisfação crônica;
→ tireoide e paratireoide;
→ alergias;
→ ombros;
→ sistema vascular;
→ osteoporose;
→ regulação de cálcio no sangue.

Palavras de referência: adaptado e confortável onde estiver.

Localização: um pouco abaixo das clavículas (saboneteiras).

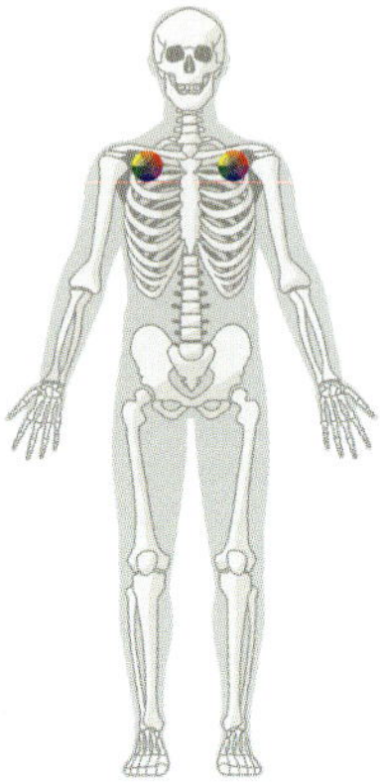

Prática

Coloque as mãos um pouco abaixo das clavículas (saboneteiras).

Você também pode harmonizar a KI TEN 22 a qualquer momento envolvendo seu dedo indicador.

KI TEN 23

Controlador do destino

Energia todo-inclusiva, abarcando a vibração de todos os planetas.

A KI TEN 23 tem acesso à matriz energética, à planta individual do Ser e, a partir dessa informação, ela pode ser o governador do destino, mantendo o alinhamento com o caminho que se for trilhar nesta existência.

Se você está no caminho do seu propósito espiritual, mantendo-se alinhado com estes desígnios, é corajoso e permanece verdadeiro consigo mesmo, encara a vida sem intimidação e sem medo, isso é um indicador de que suas KI TEN 23 estão em harmonia. Elas trazem compaixão, paciência, gentileza, para que se possa fluir pela vida com suavidade.

Este centro de energia pode ajudar a:

→ alinhar minha ação na Terra com os desígnios do meu espírito;
→ harmonizar meu estilo de vida para que eu possa vivenciar o potencial que Eu Sou;
→ saber o que queremos fazer e para onde queremos dirigir nossa vida;
→ liberar do perfeccionismo, do autoritarismo e da vitimização;
→ viver sem vícios, sem dependências, sem resistências;
→ dissolver o medo e desenvolver confiança profunda;
→ circular pela vida de forma livre, fluir, aproveitar a vida.

Pode ajudar nos projetos de:

→ saúde mental;

→ sistema nervoso;

→ disfunções elétricas e químicas do cérebro, funções cerebrais;

→ nutrição;

→ desordens e vícios alimentares;

→ comportamento social inadequado;

→ hiperatividade, déficit de atenção;

→ pessoas que falam e/ou comem compulsivamente;

→ desordens na química do sangue;

→ circulação dos líquidos do corpo;

→ glândulas suprarrenais;

→ aparelho reprodutor e urinário;

→ sexualidade;

→ qualquer tipo de rótulo grave;

→ tumores;

→ artrite, reumatismo;

→ sistema imunológico;

→ falta de vitalidade, fadiga;

→ doenças musculares;

→ doenças degenerativas;

→ medula óssea.

Palavra de referência: propósito.

Localização: na base das costelas nas costas.

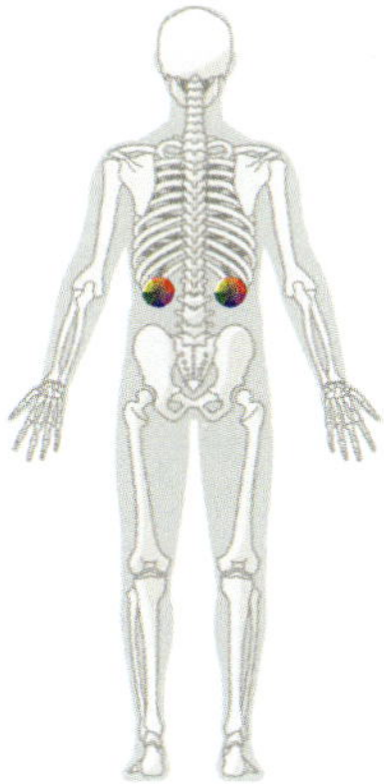

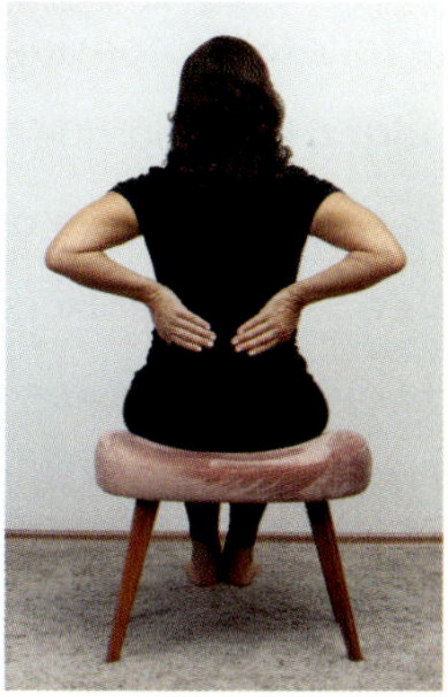

Prática

Coloque as mãos na base das costelas nas costas.

Você também pode harmonizar a KI TEN 23 a qualquer momento envolvendo seu dedo mínimo.

Mauro precisava fazer uma escolha dificílima, passou meses fazendo planilhas de prós e contras e, com muito sofrimento mental e emocional, tomou uma decisão. Depois de algumas horas da decisão tomada, começou a sentir uma dor terrível nos rins e foi levado ao hospital.

Como sua família tinha histórico de pedras nos rins, inicialmente pensaram se tratar disso, mas os exames iniciais nada revelaram.

Muitos outros exames vieram, sem nenhuma anomalia e, mesmo com doses altas de medicamentos, Mauro continuava a sentir que seus rins estavam sendo esmagados.

Em meio a este torpor de dor e medicação, subitamente uma ideia passou por sua mente: "escolha o outro caminho". Pondo por terra meses de reflexão e considerações ele, em um segundo, decidiu por mudar a escolha que havia feito.

Feita esta nova escolha, a dor se dissipou em questão de minutos. A sua nova decisão fez com que ele mudasse de estado conjugal, da cidade onde morava, de profissão.

Uma mudança radical.

Mauro só veio a entender esta mudança anos depois, em um curso de autoaplicação, quando aprendeu que as KI TEN 23, as guardiãs do seu destino, estão localizadas próximo aos rins.

Não eram os rins que estavam doentes, era seu corpo energético recusando uma decisão tomada pelo intelecto e colocando Mauro de volta no caminho de seu destino.

Quando você não está onde a sua alma quer que você esteja, ela o avisará e ajudará a ter a coragem de dar o passo que revolucionará completamente a sua existência.

Estar no lugar para onde seus desígnios espirituais o levam não garante que será fácil e que você estará feliz o tempo todo, mas você aprenderá aquilo que veio aprender, mantendo um estado de paz e completude necessários para manifestar melhor saúde e qualidade de vida.

KI TEN 24

Pacificação, eliminação de todo caos

Energia todo-inclusiva, abrange a vibração de todos os planetas. Sua essência básica é Luz, e a KI TEN 24 é especialista em lembrá-lo disso. Ajuda a entrar em contato com o verdadeiro Ser interior, com o "Eu espiritual", ajuda a desenvolver e a fazer crescer todo o bem que "Eu Sou".

Ancora a consciência de que já somos luz, preenche de amor incondicional, aceita, perdoa e abençoa todas as circunstâncias da vida, restaurando a paz e harmonizando o caos mental e físico.

Este centro de energia pode ajudar a:

→ trazer paz total para o espírito, mente e corpo;
→ criar uma conexão e um relacionamento pacífico entre você e o Universo;
→ harmonizar o caos interno para completa paz da mente, espírito e corpo;
→ acalmar o sistema nervoso;
→ liberar do ciúme, da vingança, da teimosia, da inveja, da comparação e da competição;
→ trazer entendimento, compreensão e tranquilidade;
→ harmonizar qualquer tipo de emoção extremada.

Pode ajudar nos projetos de:

→ calafrios, tremores;
→ coração batendo de forma caótica, desregulada;
→ pessoas que se encontram muito nervosas, ansiosas ou estão criando muita turbulência em suas vidas;
→ situações de pânico, confusão ou transtorno;

→ dores de cabeça, enxaqueca;

→ pedras na vesícula;

→ aparelho digestivo;

→ ossos.

Palavra de referência: pacificação.

Localização: na lateral externa do peito do pé.

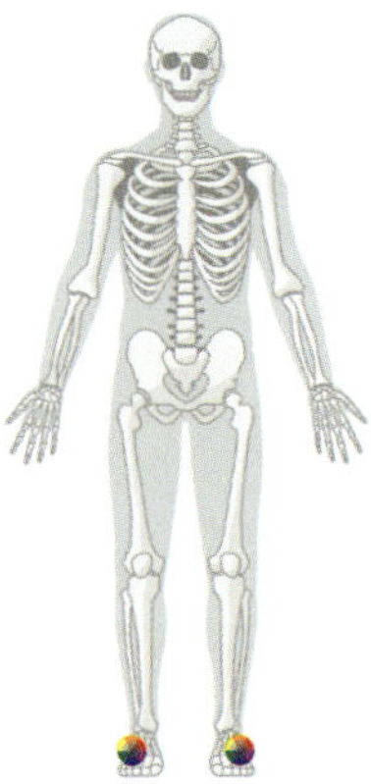

Prática

Coloque as mãos na lateral externa do peito do pé.

OU

Lado esquerdo

Coloque a mão direita na lateral externa da escápula esquerda e a mão esquerda na virilha esquerda.

Para o lado direito, inverter as mãos.

Você também pode harmonizar a KI TEN 24 a qualquer momento envolvendo seu dedo mínimo.

Marília sofria por ciúmes. Não conseguia manter nenhum relacionamento, pois os namorados não suportavam seu ciúme doentio e seus constantes repentes de ira que aconteciam em lugares públicos se ela suspeitasse que alguém havia olhado na direção do namorado, ou o contrário.

Chegou ao consultório em grande sofrimento, porque não conseguia se controlar e estava prestes a perder mais uma pessoa, desta vez, alguém por quem ela estava verdadeiramente apaixonada e com quem gostaria de constituir família.

Trabalhamos alguns meses, seu temperamento turbulento foi se tranquilizando, ela conseguiu melhorar suas relações no emprego, depois no ambiente familiar e, finalmente, foi capaz de controlar os repentes de ciúmes.

Marília ainda tem um longo caminho pela frente.

Controlar o ciúme não é o mesmo que não sentir ciúme, mas ela segue firme no propósito, e seu marido e filhinho pequeno são uma fonte constante de motivação para que ela continue em busca da cura.

KI TEN 25

Regeneração tranquila

Energia todo-inclusiva, contendo a vibração de todos os planetas. Portal que permite que a mente humana se aquiete para que a mente Divina possa se manifestar. Quando a mente se aquieta, percebe-se que não é preciso tentar ser diferente do que já se É.

A KI TEN 25 representa o perfeito equilíbrio dinâmico entre mente ilimitada e silenciosa e um estado de presença consciente, quietude e movimento em uma manifestação complementar simultânea.

Este centro de energia pode ajudar a:

→ regenerar profundamente o corpo;
→ energizar a mente;
→ harmonizar a mente caótica;
→ meditar;
→ trazer descanso, repouso e introspecção;
→ desenvolver um estado de presença e calma ao mesmo tempo;
→ ficar mais alerta e com mais energia, lucidez e clareza mental;
→ remover o ácido lático do corpo;
→ harmonizar comportamento hiperativo;
→ manter o preparo físico.

Pode ajudar nos projetos de:

→ equilíbrio de peso e apetite;
→ coxas, quadris;
→ desarmonias alimentares;
→ circulação do sangue;

→ pressão arterial;

→ esqueleto;

→ sistema linfático;

→ imunidade.

> *"A meditação é a prática que lhe ajuda a manter a companhia de sua própria santidade. É como adorar o Sol nascente dentro de seu próprio coração."*[2]
>
> *Gurumayi Chidvilasananda*

Palavras de referência: regeneração.

Localização: nos ísquios.

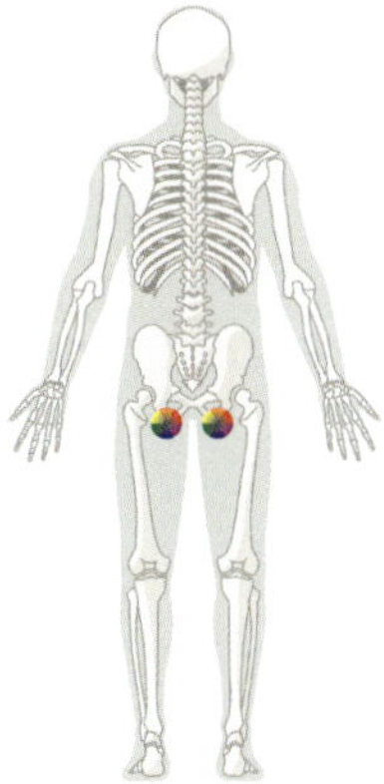

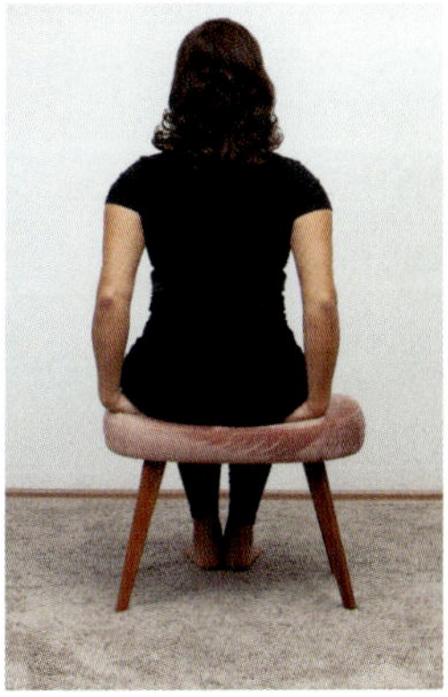

Prática

Coloque as mãos nos ísquios, pela lateral das coxas.

Você também pode harmonizar a KI TEN 25 a qualquer momento envolvendo seu dedo médio.

---

[2] CHIDVILASANANDA, Gurumayi. *The magic of the heart*. Melbourne: The Siddha Yoga Foundation, 1996, p. 189.

KI TEN 26

Total e completo

A percepção perfeita do esplendor total da vida sem limites.

Energia todo-inclusiva, abrangendo a vibração de todos os planetas.

A KI TEN 26 representa a vida e a luz limitada que existem dentro de todas as pessoas. Traz paz e harmoniza para todos os aspectos da existência através da percepção de que se é completo e nada falta a ninguém.

Este centro de energia pode ajudar a:

→ ter a experiência da plenitude;
→ entrar em contato com infinitas possibilidades, dons e talentos;
→ remover limitações;
→ ir além de qualquer limite;
→ fornecer energia vital para todo o Ser;
→ relaxar o corpo;
→ harmonizar o sistema nervoso e a estrutura neurológica;
→ depressão.

Pode ajudar nos projetos de:

→ sistema linfático;
→ câncer;
→ acúmulos do corpo;
→ face, paralisia facial;
→ ombros, braços, cotovelos, punhos, mãos, dedos;
→ tensões muito fortes na área do pescoço;

- → bursite;
- → lesão por esforço repetitivo;
- → fibromialgia;
- → sudorese excessiva nas mãos.

Palavras de referência: nada me falta.

Localização: na lateral externa das escápulas.

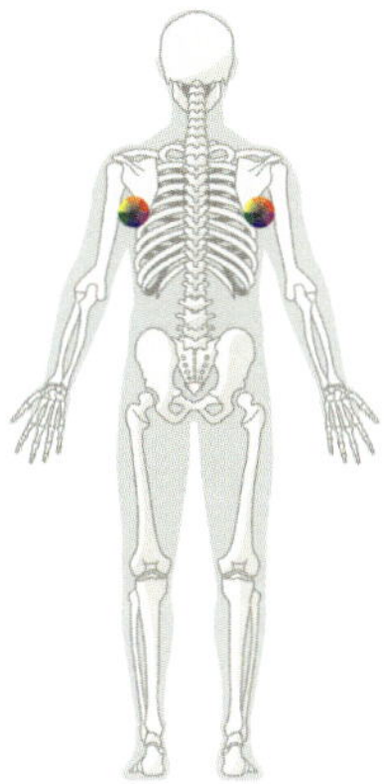

Prática

Coloque as mãos na lateral externa das escápulas.

Você também pode harmonizar a KI TEN 26 a qualquer momento tocando o centro da palma da mão.

Uma das mais belas formas de se praticar Jin Shin Jyutsu é por meio da respiração consciente.

"O Grande Abraço"

Coloque as mãos nas KI TEN 26. Respire 36 vezes conscientemente, contando sempre ao exalar.

Concentre sua atenção completamente na respiração e no movimento da circulação da energia.

No movimento expiratório, a energia se move da cabeça aos pés pela frente do corpo.

No movimento inspiratório, a energia se move dos pés à cabeça pelas costas.

No começo, pode ser bem difícil manter a atenção sem distração durante 36 respirações. Neste caso, divida a prática em 4 sessões de 9 respirações e, ao longo do tempo, perceba que já é capaz de ir além sem se distrair.

Observe a tremenda mudança que esta prática, quando feita de forma consciente, disciplinada e cotidiana, pode trazer à sua vida, em todos os sentidos.

CAPÍTULO 9

"CORINGAS"

"Coringas" ou "rapidinhos" é a forma que usamos para denominar uma prática simples, que trará harmonia para vários aspectos físicos, mentais e emocionais ao mesmo tempo.

Permaneça em cada postura por alguns minutos.

DEDOS

Cada dedo ajuda a harmonizar 5 KI TEN

Polegar	Indicador	Médio	Anular	Mínimo	Centro da palma da mão
1	5	3	2	15	26
9	8	6	4	18	
16	10	12	7	20	
19	11	13	14	23	
21	22	25	17	24	

Coloque a mão direita no ombro esquerdo, bem próximo ao pescoço (KI TEN 3/11), e a mão esquerda na virilha (KI TEN 15).

Esta posição ajuda:

→ Energia Harmonizante Universal Supervisor Vertical Principal;

→ KI TEN: 3, 5, 6, 15, 23.

Inverta a posição das mãos para fazer também do outro lado.

Coloque a mão direita no ombro esquerdo, bem próximo ao pescoço (KI TEN 3/11), e a mão esquerda no ísquio (KI TEN 25).

Esta posição ajuda:

→ Energia Harmonizante Universal Supervisor Vertical Principal;

→ KI TEN: 2, 11, 16, 18, 25.

Inverta a posição das mãos para fazer também do outro lado.

Coloque a mão direita na lateral interna do cotovelo esquerdo (KI TEN 19) e a mão esquerda na lateral interna do joelho direito (KI TEN 1).

Esta posição ajuda:

→ sistema digestivo;

→ articulações;

→ olhos;

→ mente;

→ KI TEN: 9, 14, 19, 23.

Inverta a posição das mãos para fazer também do outro lado.

Coloque a mão direita na lateral interna do braço esquerdo (KI TEN 19 alta) e a mão esquerda na lateral interna do joelho direito (KI TEN 1).

Esta posição ajuda:

→ sistema respiratório;

→ coração;

→ KI TEN: 13, 10.

Inverta a posição das mãos para fazer também do outro lado.

CAPÍTULO 10

ENERGIA
FUNÇÃO ÓRGÃO

A Energia Vital Universal se movimenta no corpo em densidades diferentes. Nos capítulos anteriores, vimos sua forma de expressão mais sutil.

Quando se movimenta com maior densidade, é conhecida como Energia Função Órgão.

No Jin Shin Jyutsu, trata-se de um fluxo de energia contínuo, que se diferencia 12 vezes ao longo de seu trajeto, e revela, a cada nova transformação, um grupo de atributos específicos. Cada um dos 12 trechos ganha o nome do órgão que representa a manifestação mais condensada do fluxo.

O órgão físico se encontra no trajeto do fluxo que nomeia, mas o fluxo em si transcende o próprio órgão.

Ao longo das 24 horas do dia, o fluxo vai assumindo características específicas e é possível se beneficiar deste entendimento para construir consciência e saúde na vida.

As qualidades da Energia Função Órgão ajudam no processo de conhecer a mim mesmo, quando reconheço, em seus atributos, qualidades que preciso aprimorar e desenvolver.

Fortalecer e harmonizar um determinado padrão de fluxos possibilita que suas qualidades se expressem na sua vida.

Como isso funciona? Vejamos alguns exemplos:

- Precisa de impulso, de vitalidade?
  Pode contar com Áries e Energia Função Pulmão.
- Quer reavaliar seus valores, ou ser capaz de expressar seus atributos e dons de forma concreta?
  Touro e Energia Função Intestino Grosso.
- Busca encontrar formas eficientes de se comunicar?
  Gêmeos e Energia Função Estômago.

- Gostaria de harmonizar suas emoções?

  Câncer e Energia Função Baço.
- Falta coragem e determinação para alcançar um objetivo?

  Leão e Energia Função Coração.
- Quer ter discernimento e habilidades para lidar com o cotidiano?

  Virgem e Energia Função Intestino Delgado.
- Sua meta é equilíbrio em sua vida e nos seus relacionamentos?

  Libra e Energia Função Bexiga.
- Quer ser capaz de transformar e recriar sua realidade?

  Escorpião e Energia Função Rim.
- Que tal alçar voos filosóficos e expandir sua consciência sobre o Universo?

  Sagitário e Energia Função Diafragma.
- Alcançar suas metas e ser bem-sucedido?

  Capricórnio e Energia Função Umbigo.
- Que tal sair da indecisão e ser capaz de fazer escolhas sensatas?

  Aquário e Energia Função Vesícula Biliar.
- Precisa renovar sua capacidade de sentir compaixão ou sua fé?

  Peixes e Energia Função Fígado.

Cada Energia Função Órgão tem uma relação direta com um signo, e as características das vibrações deste signo se manifestarão concretamente através desta Função. "Como é acima, é abaixo"[1]. Tudo o que se vê no Universo está presente e materializado no corpo humano.

A Energia Função Órgão é a forma mais densa de manifestação de qualidades espirituais extremamente elevadas.

A Energia Função Órgão constrói, repara e protege o corpo. Sua ação também pode ser observada nos aspectos mais sutis do Ser, como emoções e psiquismo, e na capacidade de expressão das qualidades espirituais daquele fluxo.

---

[1] Princípio da correspondência do hermetismo.

AUTOAPLICAÇÃO

Os fluxos foram adaptados para tornar possível a autoaplicação. No entanto, algumas pessoas poderão ter limitações físicas que as impeçam de fazer a prática em sua totalidade ou em algumas partes.

Faça apenas as posições que forem confortáveis, pule os passos que trouxerem dor ou restrições à respiração.

Se todos os passos forem difíceis e nenhum deles puder ser feito com conforto, apenas segure o dedo harmonizador correspondente, respire e permita que a Sabedoria da Energia Vital siga seu caminho.

Os fluxos estão em sua maioria descritos do lado esquerdo. Para o lado direito, inverta a lateralidade das mãos e o lado do corpo.

Energia Função Pulmão

EU SOU

Na primeira respiração passamos a existir como indivíduos. É a iniciação do espírito no plano terrestre.

A Energia Função Pulmão é a primeira a se manifestar. Tem consciência da unidade da qual emergiu, tem a lembrança de "Ser UM com o Todo", tem a força e o ímpeto para se individualizar e se manifestar como uma expressão única.

Energia do elemento Fogo, tem a consciência do novo e do pioneiro, dá coragem para adentrar um território desconhecido e ainda assim se sentir confortável.

Traz entusiasmo, criatividade, vitalidade, iniciativa e impulso em equilíbrio. Está relacionada a gerar ideias e ideais que tragam sentido e significado para vida.

Com a Energia Função Pulmão em harmonia, não tenho nenhuma dificuldade para renascer, começar e recomeçar, descobrir minha identidade, manifestar minha personalidade, me sentir seguro, assumir meu lugar, ser visto, reconhecido e valorizado.

Tenho bom senso, sou maduro, posso dar voz a mim mesmo, fazer uma declaração profunda da minha presença e dizer para o mundo:

"EU SOU".

Esta segurança vem da capacidade de, apesar da individualização, ser capaz de se sentir conectado com a Fonte de origem.

A Energia Função Pulmão em equilíbrio dissolve a solidão, a culpa, a tristeza, a depressão, a autopiedade, a rejeição e a decepção. Experimenta o movimento equilibrado entre as forças dinâmicas interiores e exteriores, através da respiração: o contínuo movimento de encontro do mundo interno com o externo.

Aplicações:

- → déficit cognitivo;
- → timidez;
- → falta de vitalidade;
- → pessoas que querem estar sempre deitadas, ou que dormem muito;
- → doenças de pele, pele ressecada;
- → distúrbios de voz;
- → dificuldade respiratória;
- → tosse, alergias respiratórias;
- → projetos no ombro, no braço, na mão, no dedo polegar;
- → transpiração durante o sono.

Atitude em desarmonia: tristeza.

Harmonizador: dedo anular.

Autoaplicação fluxo esquerdo

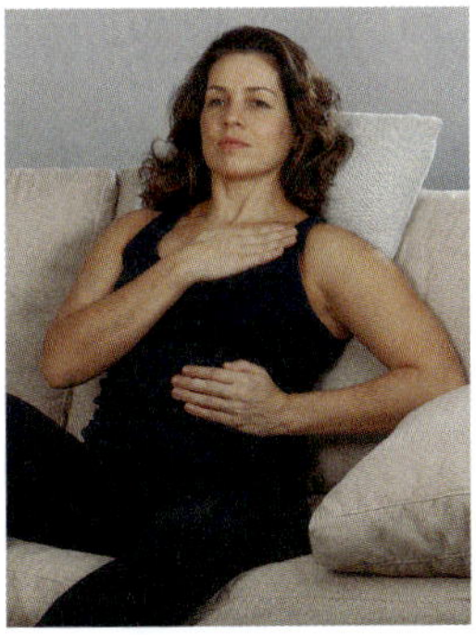

1. Mão esquerda KI TEN 14 lado esquerdo (base da costela). Mão direita KI TEN 22 lado esquerdo (abaixo da clavícula).

2. Mão esquerda KI TEN 14 lado esquerdo (base da costela). Mão direita KI TEN 19 alto atrás lado esquerdo (parte de trás do braço).

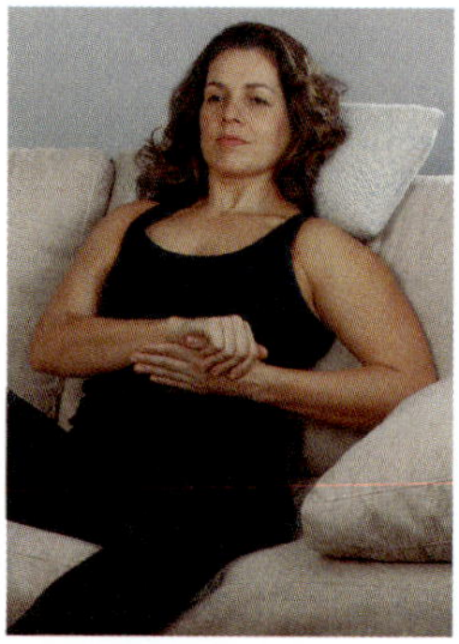

3. Mão esquerda KI TEN 14 lado esquerdo (base da costela). Mão direita KI TEN 18 lado esquerdo (almofadinha do polegar) — faça isso sem tirar a mão esquerda da costela.

4. Mão esquerda KI TEN 14 lado esquerdo (base da costela). Mão direita KI TEN 11 lado esquerdo (ombro na junção com o pescoço).

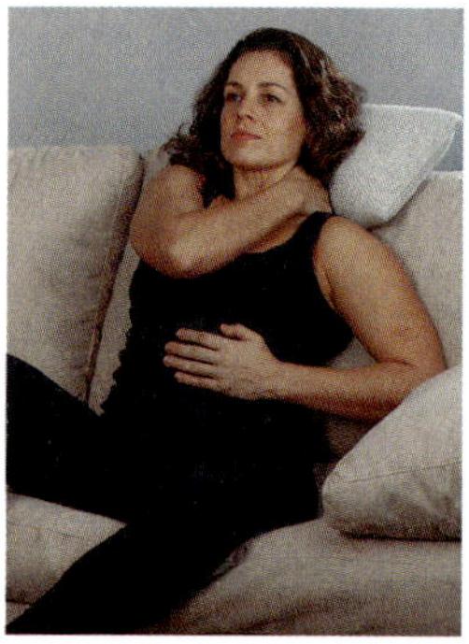

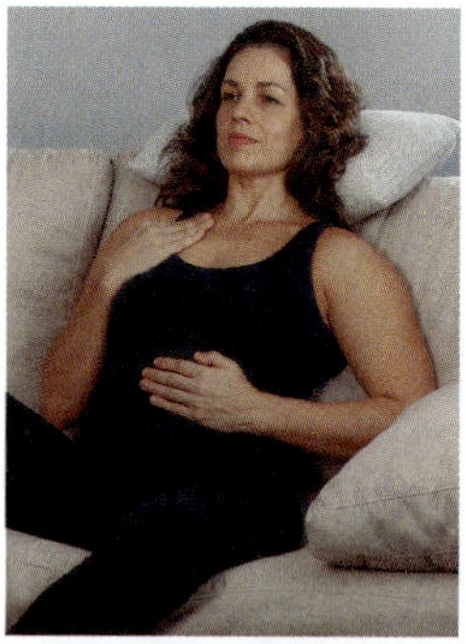

5. Mão esquerda KI TEN 14 lado esquerdo (base da costela). Mão direita KI TEN 22 lado direito (abaixo da clavícula).

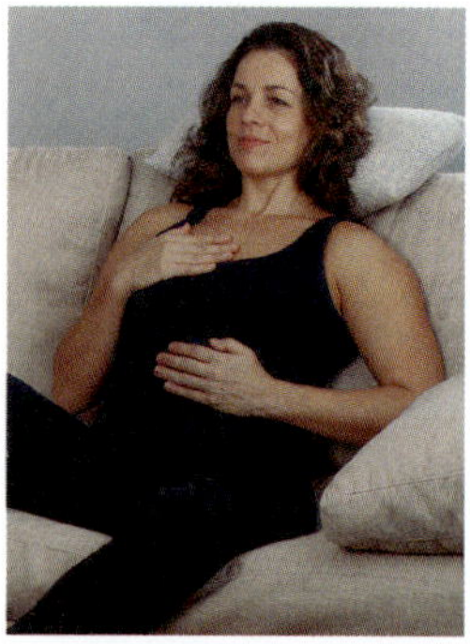

6. Mão esquerda KI TEN 14 lado esquerdo (base da costela). Mão direita KI TEN 13 lado direito (peito na altura da 3ª costela).

Energia Função Intestino Grosso

EU TENHO

A Energia Função Intestino Grosso está relacionada a atributos que, quando desenvolvidos, trarão um sentido de merecimento e segurança pessoal.

As habilidades, atributos e dons pessoais são reconhecidos e valorizados, ocorre uma reavaliação de valores, e a compreensão de quais recursos intelectuais e materiais dispomos para seguir a jornada.

Nossas experiências pessoais e familiares, a herança genética, espiritual, os atributos de personalidade, habilidades mentais e posses materiais são um patrimônio a ser gerido, e a Energia Função Intestino Grosso, que é do elemento Terra, nos traz estabilidade e capacidade de concretização.

Energia Função Intestino Grosso equilibrada estabelece valores por meio da apreciação da beleza e da harmonia. Traz um sentido natural de abundância, qualidade, beleza, estabilidade, firmeza, perseverança, constância, produtividade, paciência, segurança e tenacidade.

Energia do elemento Terra traz estabilidade e capacidade de concretização.

Aplicações:

- → tristeza profunda;
- → apego, possessividade, mesquinhez;
- → necessidade de estabilidade;
- → firmeza, perseverança, constância, produtividade;
- → pessoas com dificuldades para estabelecer valores elevados;
- → falta de lógica e bom senso;
- → imaturidade em qualquer faixa etária;
- → projetos nos intestinos, constipação (fluxo direito), diarreia (fluxo esquerdo);
- → asma;
- → qualquer rótulo relativo à atividade ou à função sexual;
- → incapacidade de manter a gravidez;
- → projetos no útero e ovários;
- → sinusite;
- → dentes e gengiva – principalmente arcada superior;
- → garganta e pescoço;
- → adormecimento nas mãos, síndrome do túnel do carpo;
- → dor na parte de traz do ombro.

Atitude em desarmonia: tristeza.

Harmonizador: dedo anular.

Autoaplicação fluxo esquerdo

1. Mão esquerda KI TEN 11 lado direito (ombro na junção com o pescoço). Mão direita segurando o dedo indicador esquerdo.

2. Mão esquerda KI TEN 11 lado direito (ombro na junção com o pescoço). Mão direita KI TEN 13 lado direito (peito na altura da 3ª costela/axila).

3. Mão esquerda KI TEN 11 lado direito (ombro na junção com o pescoço). Mão direita KI TEN 14 lado direito (base da costela).

4. Mão esquerda KI TEN 11 lado direito (ombro na junção com o pescoço). Mão direita KI TEN 21 lado esquerdo (osso da face perto do nariz).

5. Mão esquerda KI TEN 11 lado direito (ombro na junção com o pescoço). Mão direita KI TEN 22 lado direito (abaixo da clavícula).

6. Mão esquerda KI TEN 11 lado direito (ombro na junção com o pescoço). Mão direita KI TEN 22 lado esquerdo (abaixo da clavícula).

Energia Função Estômago

EU PENSO

Estamos agora sob a regência do elemento Ar, o supremo poder da mente, gerando consciência.

A Energia Função Estômago harmonizada libera as limitações mentais, amplia a inteligência e a capacidade de aprendizagem, nunca nos cansamos de explorar novas informações com nossa mente que se torna ágil, leve e flui facilmente. Ajuda a fazer o melhor uso da razão.

Extremamente calmante, alivia o *stress* e as perturbações mentais e emocionais, nos libera dos pensamentos repetitivos, dores de cabeça e irritabilidade.

A Energia Função Estômago nos ajuda a circular por todos os lugares com muita habilidade, nos torna capazes de olhar ao redor para coletar informações e compreender o que nos cerca, para que possamos estabelecer igualdade nas relações e nos comunicar claramente.

Aplicações:

→ manutenção do equilíbrio mental e emocional;

→ liberação do excesso de pensamentos, preocupação e *stress*;

→ comportamento obsessivo compulsivo;

→ depressão;

→ dor de cabeça;

→ irritabilidade, confusão mental;

→ doenças mentais e degenerativas da mente;

→ facilita processos de aprendizagem;

→ comunicação;

→ nutrição e digestão;

→ equilíbrio de peso;

→ alergia alimentar;

→ projetos na face e pescoço;

→ nervo trigêmeo, paralisia facial;

→ nariz, lábios, boca, ATM — mandíbula;

→ insensibilidade na garganta, pescoço inchado;

→ fraqueza na coluna cervical;

→ joelho do lado oposto ao fluxo;

→ lateral interna do tornozelo.

Atitude em desarmonia: ansiedade e preocupação.

Harmonizador: dedo polegar.

Autoaplicação fluxo esquerdo

1. Mão direita KI TEN 21 lado esquerdo (osso da face perto do nariz). Mão esquerda KI TEN 22 lado esquerdo (abaixo da clavícula).

2. Mão direita KI TEN 21 lado esquerdo (osso da face perto do nariz). Mão esquerda KI TEN 14 lado direito (base da caixa torácica anterior).

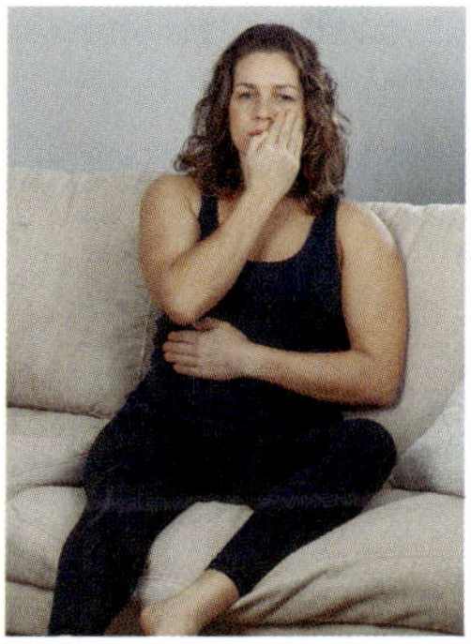

3. Mão direita KI TEN 21 lado esquerdo (osso da face perto do nariz). Mão esquerda KI TEN 23 lado direito (base da caixa torácica posterior).

4. Mão direita KI TEN 21 lado esquerdo (osso da face perto do nariz). Mão esquerda KI TEN 14 lado esquerdo (base da caixa torácica anterior).

5. Mão direita KI TEN 21 lado esquerdo (osso da face perto do nariz). Mão esquerda KI TEN 1 alto lado direito (face interna da coxa, um pouco acima do joelho).

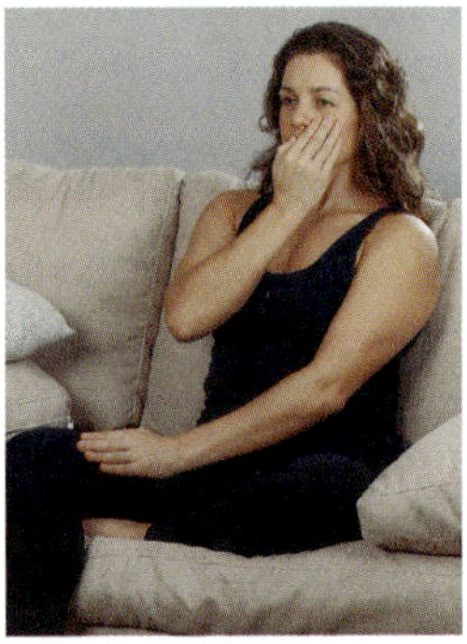

6. Mão direita KI TEN 21 lado esquerdo (osso da face perto do nariz). Mão esquerda KI TEN 8 baixo lado direito (face externa da panturrilha direita).

7. Mão direita KI TEN 21 lado esquerdo (osso da face perto do nariz). Mão esquerda segurando o terceiro dedo do pé direito.

Energia Função Baço

EU SINTO

A Energia Função Baço é regida pela Lua, que reflete a luz do Sol. Talvez não consigamos ainda olhar para o Sol em nosso interior e entender sua magnitude, mas podemos vislumbrá-lo através de seu reflexo na Lua.

O elemento Água nos conduz a experimentar a vida por meio do sentimento. Através dele, tomamos consciência sobre como reagimos emocionalmente aos estímulos internos e externos. Nos traz o sentimento de profundo cuidado e uma grande sensibilidade em relação às próprias necessidades e às dos outros.

Ajuda a superar excesso ou falta de emotividade, ressentimentos, mágoas e inseguranças. Um grande colo maternal ajuda a sentirmo-nos amados, nutridos, protegidos recebendo tudo que necessitamos.

À medida que nos damos conforto, nosso campo energético vibra conforto e atraímos pessoas e situações nutridoras.

Aplicações:

→ armazém de energia, fortalece o campo energético e traz vitalidade;
→ combate o cansaço e a exaustão;
→ ajuda quem tem dificuldade em levantar-se pela manhã, ou conciliar o sono à noite;
→ conter diarreia, muco, coriza, hemorragia, hérnias;
→ regular o ciclo menstrual;
→ prolapsos e varizes;
→ manter a parte interna da perna bem torneada, bem tonificada;
→ grande auxiliar durante toda a gravidez;
→ órgãos reprodutores e as mamas;
→ funções da tireoide;
→ sistemas linfático e imunológico;
→ células do sangue, particularmente glóbulos brancos e plaquetas;
→ dissolver acúmulos como tumores e cistos;
→ tonificar os músculos;
→ efeitos colaterais da quimioterapia;
→ pessoas que moram em regiões onde ocorrem largos períodos com baixa exposição ao sol e têm depressão sazonal.

Nutrição emocional:

→ pessoas muito sensíveis;
→ reações emocionais fortes;
→ pessoas insensíveis;
→ canja de galinha para a alma.

Nutrição física:

→ para quem não consegue se alimentar ou dormir direito;

→ fortalece a função digestiva;

→ projetos muito graves de apetite;

→ ajuda qualquer projeto na boca;

→ dificuldade para engolir por causa de problemas no esôfago;

→ refluxo gastroesofágico;

→ dor aguda no estômago;

→ eficaz depois da ingestão de doces para eliminar a letargia;

→ ajuda pessoas com muita necessidade de açúcar.

Nutrição do sistema nervoso:

→ ajuda a acalmar e clareia a mente;

→ restaura e equilibra o sistema nervoso físico e emocional;

→ ajuda pessoas muito nervosas, ansiosas, com tiques;

→ reduz a preocupação, a inquietação, a depressão;

→ controla ataques de birra;

→ ajuda pessoas que estão sempre insatisfeitas, temperamentais, obsessivas.

Atitude em desarmonia: ansiedade e preocupação.

Harmonizador: dedo polegar.

Autoaplicação fluxo direito

1. Mão esquerda no cóccix (palma ou dorso, o que for mais confortável). Mão direita na KI TEN 5 (lateral interna do calcanhar direito, OU na lateral interna do joelho direito, OU no púbis).

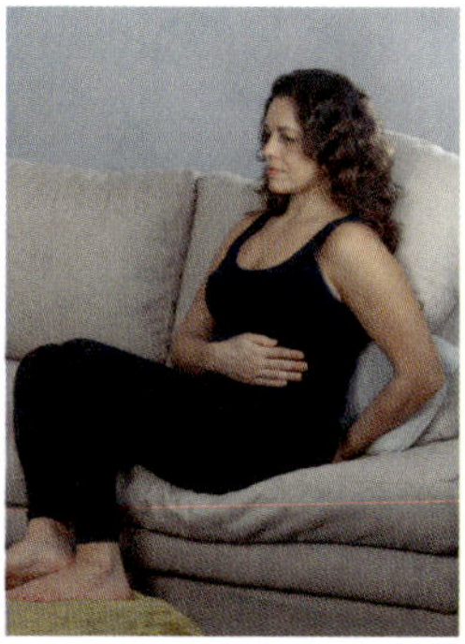

2. Mão esquerda no cóccix. Mão direita KI TEN 14 lado esquerdo (base da costela).

3. Mão direita KI TEN 14 lado esquerdo (base da costela). Mão esquerda KI TEN 13 lado direito (peito na altura da 3ª costela).

4. Mão direita KI TEN 14 lado esquerdo (base da costela). Mão esquerda KI TEN 22 lado esquerdo (abaixo da clavícula).

Energia Função Coração

EU HEI DE

Eu confio e expresso minha capacidade e vontade sem dúvida ou esforço.

A Energia Função Coração é a declaração de força, determinação e intenção. Com esta energia em harmonia, tem-se facilidade em expressar a real natureza, realizar os dons e atributos espirituais.

Energia do elemento Fogo traz entusiasmo, ação, irradiação, crescimento. Fortalece a intuição, purifica o coração.

A dádiva da Energia Função Coração é a coerência que ela promove entre pensar, sentir e fazer. Esta energia traz a percepção consciente de que somos muito próximos da Fonte.

Com esta energia fortalecida, tem-se uma integridade muito poderosa. Compreende-se que se é responsável pela vida e tem-se entusiasmo com a experiência terrena.

Esta energia ajuda a se sentir preenchido pelo amor e sabedoria. Ajuda a celebrar, traz a facilidade de usufruir e fluir cheio de alegria e prazer na vida.

Aplicações:

- → comportamento derrotista, sentimento de insegurança;
- → falta de vitalidade, entusiasmo ou ação;
- → projetos de visão;
- → melhoria das funções mentais;
- → osteoporose ou qualquer projeto nos ossos.

Atitude em desarmonia: contrariar a própria natureza.

Harmonizador: dedo mínimo.

Autoaplicação fluxo esquerdo

1. Mão esquerda KI TEN 11 lado esquerdo (ombro na junção com o pescoço). Mão direita KI TEN 17 lado esquerdo (na lateral externa do pulso).

2. Mão esquerda KI TEN 11 lado esquerdo (ombro na junção com o pescoço). Mão direita KI TEN 22 lado direito (abaixo da clavícula).

3. Mão esquerda KI TEN 11 lado esquerdo (ombro na junção com o pescoço). Mão direita KI TEN 14 lado direito (base da costela).

4. Mão esquerda KI TEN 11 lado esquerdo (ombro na junção com o pescoço). Mão direita KI TEN 15 lado direito (alto da coxa encostando na virilha).

5. Mão esquerda KI TEN 11 lado esquerdo (ombro na junção com o pescoço). Mão direita KI TEN 1 lado esquerdo (lateral interna do joelho).

6. Mão esquerda KI TEN 11 lado esquerdo (ombro na junção com o pescoço). Mão direita KI TEN 5 lado esquerdo (lateral interna do calcanhar).

7. Mão esquerda KI TEN 11 lado esquerdo (ombro na junção com o pescoço). Mão direita KI TEN 7 lado esquerdo (sola do dedão do pé).

Energia Função Intestino Delgado

EU ANALISO

Pertencendo ao elemento Terra, a Energia Função Intestino Delgado traz discernimento, organização e praticidade. Sua qualidade é a de melhorar a vida, olhando os detalhes e perguntando como torná-la mais íntegra e mais saudável.

Esta energia concede a percepção do que manter e do que descartar em termos físicos, mentais e emocionais.

Similarmente à função do órgão físico, que analisa e seleciona os alimentos enviando os nutrientes para o corpo e os dejetos para serem eliminados, a Energia Função Intestino Delgado ajuda a perceber e diferenciar o que nutre do que intoxica em todos os aspectos da vida, atitudes, pensamentos, memórias, relações.

Análise simples e pura, com objetividade, não implica em julgamento. A Energia Função Intestino Delgado ajuda a viver com menos crítica e mais compaixão e autoaceitação.

É conhecida como "a fonte da juventude", "o antioxidante" do Jin Shin Jyutsu.

Aplicações:

- → capacidade de discernimento, observação, organização, planejamento, prioridade, praticidade;
- → projetos relacionados à digestão e à absorção dos alimentos;
- → alergias alimentares;
- → projetos no cólon;
- → movimentos espasmódicos, tiques;
- → projetos de reprodução;
- → menopausa, fogachos;
- → ombro, braço, cotovelo;
- → audição;
- → inchaço na face, paralisia facial — paralisia do trigêmeo;
- → tireoide, dor de garganta, rouquidão;
- → resfriados;
- → ajuda o sangue e a linfa;
- → leucemia;
- → enrijecimento das artérias, varizes;
- → artrite, dores nas articulações.

Atitude em desarmonia: contrariar a própria natureza.

Harmonizador: dedo mínimo.

Autoaplicação fluxo esquerdo

1. Segurar as KI TEN 19 (lateral interna dos cotovelos).

2. Mão esquerda KI TEN 11 lado esquerdo (ombro na junção com o pescoço). Mão direita KI TEN 13 lado direito (peito na altura da 3ª costela).

3. Mão esquerda KI TEN 11 lado esquerdo (ombro na junção com o pescoço). Mão direita KI TEN 1 lado esquerdo (lateral interna do joelho).

4. Mão esquerda KI TEN 11 lado esquerdo (ombro na junção com o pescoço). Mão direita KI TEN 7 lado esquerdo (sola do dedão do pé).

Energia Função Bexiga

NÓS EQUILIBRAMOS

A mensagem da Energia Função Bexiga é o equilíbrio para o corpo, mente e espírito. Este fluxo do elemento Ar traz uma percepção consciente muito forte da harmonia e da beleza. É o grande conciliador nos relacionamentos. Ajuda a trazer gentileza, justiça e compaixão. Trabalha a conciliação e o consenso ao invés do conflito. Equilíbrio entre dar e receber para garantir que tudo seja justo.

Aplicações:

- → distúrbios do equilíbrio físico e mental;
- → perturbações emocionais;
- → clareza mental;
- → desconfortos na cabeça, dores, enxaqueca;
- → qualquer tipo de anormalidade no cérebro;
- → ansiedade, depressão e desespero profundo;
- → estados emocionais extremos, tendências suicidas;
- → medos, fobias, síndrome do pânico;
- → paranoia;
- → dissolver a crença na falta, na escassez, nas limitações em qualquer área da vida;
- → falta ou excesso de água no corpo, edema, inchaço;
- → qualquer desarmonia relativa ao sistema urinário;
- → tensão pré-menstrual (TPM);
- → projeto de músculos;
- → tremores;
- → psoríase, eczema, alopecia;
- → ajuda a lubrificar olhos ressecados, conjuntivite, terçol, canal lacrimal fechado;
- → sangramento nasal;
- → dor atrás do pescoço, efeito chicote;
- → tensão e projetos nas costas, *stress* lombar, quadril;
- → qualquer projeto no reto, fístula anal, hemorroidas, constipação, colite;
- → remove a tensão da perna, fraqueza, pernas trêmulas, inquietas, ciático;
- → joelho trêmulo, torção nos tornozelos, esporão de calcanhar.

Atitude em desarmonia: medo.

Harmonizador: dedo indicador.

Autoaplicação fluxo esquerdo

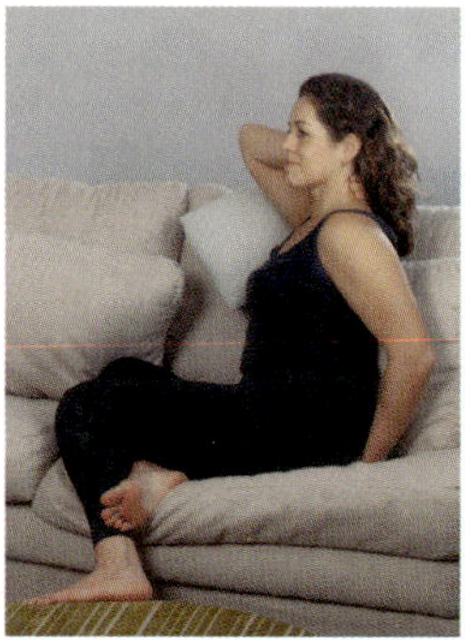

1. Mão direita KI TEN 12 lado esquerdo (lateral posterior do pescoço). Mão esquerda (palma ou dorso) no cóccix.

2. Mão direita KI TEN 12 lado esquerdo (lateral posterior do pescoço). Mão esquerda KI TEN 8 medial lado esquerdo (atrás do joelho).

3. Mão direita KI TEN 12 lado esquerdo (lateral posterior do pescoço). Mão esquerda KI TEN 16 lado esquerdo (lateral externa do calcanhar).

4. Mão direita KI TEN 12 lado esquerdo (lateral posterior do pescoço). Mão esquerda segurando o dedinho do pé esquerdo.

Energia Função Rim

EU TRANSFORMO

EU CRIO

Este fluxo do elemento Água ajuda a entrar em contato com o poder criador e transformador dentro de nós.

Ilumina as profundezas do ser, areja os porões, os conteúdos negados e enterrados em nosso íntimo, para que sejam transformados em forças criadoras e não pesos que nos impeçam de caminhar e progredir.

Esta é a energia que ajuda a sair da mediocridade e da superficialidade.

É como a experiência de um parto, onde o feto se depara com um túnel escuro e terá que atravessá-lo para nascer. Com esta energia fortalecida, não há temor nos momentos difíceis, adentra-se as crises sabendo que, por um tempo, haverá escuridão, mas do outro lado existe luz.

O funcionamento equilibrado da Energia Função Rim mantém o indíviduo alinhado na coragem, sentindo-se amparado e potente.

Aplicações:

- → mudanças de estado vibratório, físicas, emocionais, mentais ou espirituais;
- → capacidade de transformação, transmutação;
- → pessoas que acordam agitadas;
- → terror noturno;
- → medos em geral;
- → síndrome do pânico;
- → pessoas que tendem a se vitimizar;
- → aumento e manutenção da energia no corpo;
- → força de vontade;
- → energia e vitalidade sexual;
- → comportamento sexual compulsivo ou apático;
- → ajuda pessoas que têm sentimento de vingança;
- → ajuda a liberar mágoa, desprezo;
- → sinusite;
- → desconforto no ouvido;
- → garganta seca, pregas vocais;
- → tireoide;
- → deglutição, hérnia de hiato;
- → esôfago, sensação de bolo/nó na garganta;
- → digestão de alimentos de origem animal;
- → desconforto no coração;
- → muito importante para condições graves de pulmão;
- → projetos na área abdominal;
- → órgãos reprodutivos, fertilidade, gestação e parto;
- → puberdade precoce ou tardia, desarmonias da menstruação;
- → endometrioses;
- → prevenção de aborto;
- → insuficiência renal;

→ sola do pé, inflamação do ligamento plantar;
→ calcificação, esporão e calcanhar;
→ desenvolvimento dos ossos, unhas, dentes e cabelos;
→ osteoporose, artrite;
→ ajuda qualquer desarmonia relacionada a músculos, espasmos, contração, tonificação.

Atitude em desarmonia: medo.

Harmonizador: dedo indicador.

Autoaplicação

1. Mão direita no dedinho do pé esquerdo. Mão esquerda no púbis.

2. Mão esquerda no púbis. Mão direita (palma ou dorso) no cóccix.

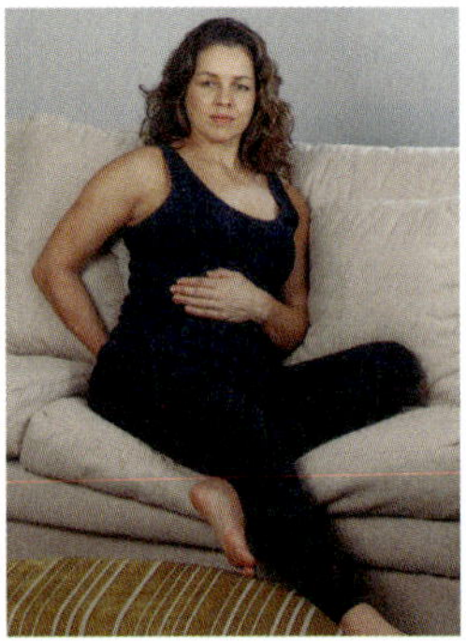

3. Mão direita (palma ou dorso) no cóccix. Mão esquerda KI TEN 14 lado direito (base da costela).

4. Mão direita (palma ou dorso) no cóccix. Mão esquerda KI TEN 13 lado direito (peito na altura da 3ª costela).

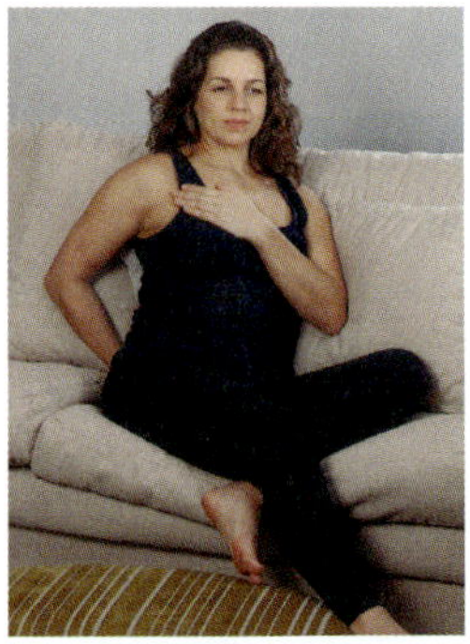

5. Mão direita (palma ou dorso) no cóccix. Mão esquerda KI TEN 12 lado direito (lateral posterior do pescoço).

Energia Função Diafragma

EU PERCEBO

Somos perfeitos, originados da Luz, feitos da mesma matéria da Luz, manifestamo-nos com dons e atributos individualizados e, enquanto nos mantivermos conectados à Fonte que nos deu origem, teremos acesso a tudo o que necessitamos.

É a inabilidade de "PERCEBER" isso que traz os desafios para a vida. Se estivéssemos vivendo na abundância da 6ª Profundidade, seríamos uma Luz radiante.

O elemento Fogo, da Energia Função Diafragma, nos aproxima desta experiência.

Aplicações:

→ harmonizador do ser total, energia de regeneração, equilíbrio do corpo, mente e espírito;
→ aumenta a vitalidade;
→ pode-se usar este fluxo quando o fôlego da vida está muito enfraquecido ou para a pessoa completamente desesperançada, desolada;
→ traz desenvolvimento espiritual, entusiasmo, otimismo, serenidade;
→ ensina a receber e manifestar abundância;
→ ajuda a ter uma nova percepção e a trabalhar a forma como se percebe a realidade;
→ auxilia a encontrar propósito e sentido na vida;
→ ajuda pessoas muito agitadas, que vivem a mil por hora;
→ exibicionistas, extrovertidos em excesso, exagerados;
→ pessoas que não gostam de ficar sós;
→ pessoas que falam muito ou compulsivamente;
→ harmoniza o sono;
→ ronco, apneia de sono, pessoas que não conseguem dormir a noite inteira e têm sono durante o dia;
→ pode ajudar a prevenir acidente vascular cerebral;
→ coração;
→ pulmão;
→ hérnia de hiato.

Harmonizador: centro da palma da mão.

Autoaplicação

1. Mão tocando as duas KI TEN 19 (lateral interna dos cotovelos).

2. Mão direita KI TEN 14 lado esquerdo (base da costela). Mão esquerda KI TEN 19 lado direito (lateral interna do cotovelo).

3. Mão direita KI TEN 14 lado esquerdo (base da costela). Mão esquerda KI TEN 25 lado esquerdo (lateral externa da coxa + ísquio).

4. Mão esquerda KI TEN 25 lado esquerdo (lateral externa da coxa + ísquio). Mão direita KI TEN 5 lado direito (lateral interna do calcanhar).

5. Mão esquerda KI TEN 25 lado esquerdo (lateral externa da coxa + ísquio). Mão direita KI TEN 18 lado direito (dedos da mão direita tocando a base do polegar da própria mão direita).

6. Mão direita segurando o dedo anular da mão esquerda.

Energia Função Umbigo

EU UTILIZO

EU MANIFESTO

Elemento Terra trazendo a "experiência através das obras". A Energia Função Umbigo traz a "Luz através da Matriz individual" para se manifestar na vida.

É tempo de despertar a capacidade de fazer uso dos recursos pessoais, dons e qualidades.

A Energia Função Umbigo coloca as pessoas em contato com o seu poder, não apenas de forma individual, mas também como aspiração planetária e cósmica.

Esta energia se sente muito confortável no plano da Terra e conhece todas as leis que regem a vida cotidiana. Quando harmonizada, não existe nenhum conflito com as questões da vida material.

Consegue enxergar a luz mesmo nas situações mais difíceis do cotidiano, no nível mais denso da matéria, pois compreende que dentro de cada célula a luz está pronta, apenas aguardando ser liberada, transformando alquimicamente uma experiência pesada como chumbo em ouro, permitindo que experimentemos o paraíso no plano terrestre.

Aplicações:

- → relação natural com o trabalho, arregaça as mangas e faz o que tem de ser feito;
- → usar os recursos e colocar na vida prática;
- → ajuda a trazer paciência;
- → disciplina;
- → responsabilidade;
- → respeitar e reconhecer o valor das pessoas;
- → ajuda a trazer calor e harmonia para os relacionamentos;
- → introversão, inibição, vergonha;
- → ajuda quem diz: "me deixe em paz/quero ficar sozinho";
- → entrar em contato com o princípio feminino;
- → ajuda a ser uma mãe/pai equilibrados;
- → impotência, medos da sexualidade;
- → endometriose ou ovário policístico;
- → sintomas vindos do ciclo menstrual;
- → qualquer aspecto da fertilidade, gravidez, parto e pós-parto;
- → ajuda quem nasce com alguma deficiência de desenvolvimento;
- → zumbido no ouvido, perda auditiva;
- → torcicolo;
- → ombros, braços;
- → enrijecimento do dedo anular;
- → reumatismo, desconforto nas articulações;
- → artrite, artrose;
- → todos os projetos de coluna, escoliose, hérnia de disco, bico de papagaio;
- → osteoporose;
- → energia guardiã, traz nutrição para todos os órgãos do corpo;
- → revitalização e energização;

→ ajuda quando acordamos cansados, pesados, moles, sem pique;

→ qualquer doença grave;

→ para pessoas que estão morrendo.

Harmonizador: centro da palma da mão.

Autoaplicação fluxo direito

1. Mão esquerda KI TEN 11 lado direito (ombro na junção com o pescoço). Mão direita KI TEN 12 lado esquerdo (lateral posterior do pescoço).

2. Mão esquerda KI TEN 11 lado direito (ombro na junção com o pescoço). Mão direita KI TEN 20 lado esquerdo (testa).

3. Mão esquerda KI TEN 11 lado direito (ombro na junção com o pescoço). Mão direita KI TEN 12 lado direito (lateral posterior do pescoço).

Energia Função Vesícula Biliar

Eu sei.

Eu vi a luz.

Eu sei que estamos todos conectados com ela.

Eu sei que tudo é possível.

EU SEI

A Energia Função Vesícula Biliar, através do elemento Ar, está constantemente trazendo a mensagem da energia cósmica para a vida, garantindo o contínuo movimento de expansão da consciência.

É a energia que alimenta a criatividade mental, rearranja o mundo de pensamentos e liberta da indecisão.

Novas formas de pensar geram novas formas de fazer escolhas e novas formas de viver.

Esta energia fica profundamente frustrada e irritada quando é aprisionada em uma rotina, quando fica limitada.

Faça surpresas para si mesmo.

Quando foi a última vez que você fez algo que nunca havia feito antes?

Amplie e renove o pensamento, desafiando o *status quo* e procurando inovar aquela velha maneira de fazer.

Com esta energia harmonizada, o mundo será uma grande aventura.

Aplicações:

- → movimento, atividade, expansão;
- → explorar novos territórios;
- → liberdade para ser quem você é;
- → ajuda a colocar ordem em todo o potencial e em todas as possibilidades de expressão desse potencial;
- → ajuda pessoas que não têm percepção da sua individualidade;
- → ajuda a fazer escolhas e tomar decisões sem ficar em dúvida;
- → ajuda quando se sente que algo falta na vida, mas não se sabe como mudar essa situação;
- → mágoa, raiva fria, ressentimento cristalizado;
- → pessoais instáveis emocionalmente, frustradas, excêntricas;
- → pessoas dramáticas, que gritam, explodem, têm chilique;
- → dor na lateral da cabeça, enxaqueca;
- → traz clareza e energia mental;
- → situações de confusão ou perturbação mental;
- → qualquer tipo de desordem de movimento, tremor essencial;
- → ajuda a visão e os olhos;
- → acúmulos nas pálpebras;
- → projetos no pescoço e nos ombros;
- → tendões, ligamentos e articulações;
- → ajuda todo o processo digestivo;
- → digestão de alimentos gordurosos;
- → qualquer tipo de condição gasosa do corpo;
- → refluxo;
- → pedra na vesícula;
- → prisão de ventre;
- → projetos na cabeça do fêmur;
- → torções de tornozelo.

Se estiver indeciso, não souber o que é bom para você, ou se não souber como sair de uma situação que o faz infeliz, faça este fluxo pelo tempo necessário para perceber sua realidade sob uma nova perspectiva.

Atitude em desarmonia: raiva/frustração.
Harmonizador: dedo médio.

Autoaplicação

1. Mão esquerda KI TEN 12 lado esquerdo (lateral posterior do pescoço). Mão direita KI TEN 20 lado direito (testa).

2. Mão esquerda KI TEN 12 lado esquerdo (lateral posterior do pescoço). Mão direita (palma ou dorso) no cóccix.

3. Mão esquerda KI TEN 12 lado esquerdo (lateral posterior do pescoço). Mão direita KI TEN 16 lado direito (lateral externa do calcanhar).

4. Mão esquerda KI TEN 12 lado esquerdo (lateral posterior do pescoço). Mão direita KI TEN 14 lado direito (base das costelas).

5. Mão esquerda KI TEN 12 lado esquerdo (lateral posterior do pescoço). Mão direita KI TEN 14 lado esquerdo (base das costelas).

6. Mão esquerda KI TEN 12 lado esquerdo (lateral posterior do pescoço). Mão direita KI TEN 22 lado esquerdo (abaixo da clavícula (saboneteira).

Energia Função Fígado

EU CREIO

Esta energia é o último elo da jornada, tem a lembrança e traz a experiência de tudo que ocorreu até aqui.

Por ter visto a vida sob todos os ângulos, abarca tudo. A alma está enriquecida com todas estas experiências.

Nesta consciência, existe uma qualidade de dissolução da experiência manifesta, um movimento de purificar, limpar, entregar-se ao anseio pela Fonte mais profunda, pelo retorno ao lar espiritual original.

O elemento Água permite experimentar a compaixão. Existe um amor incondicional e sem julgamentos, percebendo que as jornadas entre os seres humanos podem diferir muito uma da outra, mas o destino é sempre o mesmo: retornar à Fonte.

Uma das qualidades deste fluxo é viver o fluxo suave da vida: é o que é, e o que é, É.

Aplicações:

→ seguir o fluxo da vida com confiança;
→ ajuda para estilo de vida muito duro ou difícil;
→ corpo rígido;
→ lubrificar o corpo, trazer flexibilidade em qualquer nível, membros, músculos, ossos, ligamentos, tendões, cartilagens, todas as partes que sustentam o movimento do corpo;
→ qualquer tipo de doença degenerativa dos músculos;
→ qualquer desordem ou rigidez nas articulações;
→ gota, artrite;
→ suavidade para pensamentos;
→ se a mente estiver rígida, não quiser deixar as velhas formas, ou tiver se tornado compulsiva ou obsessiva;
→ flexibilidade da unha, unha quebradiça;
→ flexibilidade da pele;
→ tensão pré-menstrual (TPM);
→ muito bom para hemorragias menstruais ou fluxos muito intensos;
→ menopausa;
→ fadiga;
→ para pessoas que estão extremamente cansadas e exauridas;
→ revitaliza quando as condições são muito críticas;
→ importante para limpeza e necessidades graves ou críticas do corpo;
→ sintomas de envelhecimento precoce;
→ desgaste por estilo de vida extremo, *workaholics*;
→ pessoas que têm uma personalidade muito agressiva, autoritária;
→ frustração, instabilidade emocional, depressão;
→ ajuda a equilibrar sensibilidade excessiva/extremada;

→ pés;

→ adormecimento nas pernas;

→ ciático;

→ pulmão, tosse seca;

→ tireoide;

→ ajuda pescoço cronicamente tenso, torcicolo crônico;

→ qualquer tipo de projeto de olho ou visão, miopia, hipermetropia, glaucoma, problemas de idade, catarata, ficar "cego de raiva";

→ alterações nas funções do cérebro.

Atitude em desarmonia: raiva/frustração.

Harmonizador: dedo médio.

Autoaplicação

1. Mão esquerda KI TEN 4 lado esquerdo (base do crânio). Mão direita KI TEN 22 lado direito (abaixo da clavícula – saboneteira).

2. Mão esquerda KI TEN 4 lado esquerdo (base do crânio). Mão direita KI TEN 14 lado direito (base das costelas).

3. Mão esquerda KI TEN 4 lado esquerdo (base do crânio). Mão direita KI TEN 1 lado esquerdo (lateral interna do joelho).

4. Mão esquerda KI TEN 4 lado esquerdo (base do crânio). Mão direita KI TEN 5 lado esquerdo (lateral interna do calcanhar).

5. Mão esquerda KI TEN 4 lado esquerdo (base do crânio). Mão direita KI TEN 18 lado esquerdo (base do polegar na palma da mão).

6. Mantenha a mão direita KI TEN 18 lado esquerdo (base do polegar na palma da mão). Leve a mão esquerda para KI TEN 4 lado direito (base do crânio).

POSFÁCIO

Fred Alan Wolf disse: "A grande jogada na vida não é saber, mas mergulhar no mistério".

Para mim, Jin Shin Jyutsu é isso.

Quanto mais eu estudo, mais profundamente mergulhada no mistério me encontro. É infinito, e nada é mais divertido do que brincar com algo que não terá fim.

Para cada pergunta, várias respostas, todas possíveis, todas gerando algum benefício, mesmo que eu não saiba qual.

Nisso reside a mágica, mergulhamos no reino das infinitas possibilidades, sem saber qual delas se manifestará, mas sabendo que dará certo.

Neste universo, a mente lógica, as certezas e as deduções não são o ingrediente principal e assim me arrisco a experimentar mais do que só pensar, e isso me completa.

As grandes metas do futuro são alcançadas passo a passo.

Quando fazemos pequenas mudanças em pontos específicos no presente, geramos gradativamente mudanças a longo prazo, e podemos determinar um futuro mais saudável. Cada ação do presente precisa ser coerente com o que esperamos ser no futuro.

É só estar presente, com o coração compassivo, e permitir que a Luz do Criador se manifeste enquanto testemunhamos as transformações que ocorrem.

Cada indivíduo é uma centelha da Divindade e assim merece ser visto.

Que a arte Jin Shin Jyutsu nos una sem fronteiras.

Que o legado de Jiro, Mary e Kato nos ajude a criar um mundo melhor.

Érika Ramos